Manfred Loimeier (Hg.)
Yizo Yizo

P H
V

Manfred Loimeier (Hg.)

Yizo Yizo

Stories aus einem neuen Südafrika

Aus dem Englischen von Thomas Brückner

Peter Hammer Verlag
Missio

Die Übersetzung aus dem Englischen wurde mit Mitteln des Auswärtigen Amtes unterstützt durch die Gesellschaft zur Förderung der Literatur aus Afrika, Asien und Lateinamerika e.V.

Umschlaggestaltung: Magdalene Krumbeck
unter Verwendung eines Motivs von
Wolfgang Schmidt, Das Fotoarchiv
Lektorat: Gudrun Honke
Satz: Graphium press, Wuppertal
Druck: Clausen & Bosse, Leck
ISBN 3-7795-0040-X

Inhalt

Manfred Loimeier
Aufbruchstimmung **7**
André Brink
Das neue Südafrika er-schreiben **13**

Chris van Wyk
Zauberei **23**
Farida Karodia
Zufallsbegegnung **39**
K. Sello Duiker
Der Riese **63**
Finuala Dowling
Warten **77**
Tshepo Mogale
Soweto Hi-Fi **81**
Ken Barris
Zunge verschluckt **91**
Niq Mhlongo
Auf der Schattenseite **103**
Mary Watson
Lilitree **109**
Phaswane Mpe
Leratos Albtraum **119**
Patrick Cairns
Tjippie **127**
Diane Awerbuck
Der Junge, der Türen öffnete **141**

Die Autorinnen und Autoren **155**
Quellen- und Bildnachweis **158**

Manfred Loimeier

Aufbruchstimmung

„Yizo Yizo" – der Titel dieser Anthologie ist dem Namen einer Fernsehserie geschuldet, die nicht nur die am meisten gesehene Serie im südafrikanischen TV darstellt, sondern auch die umstrittenste. „Yizo Yizo" ist Zulu und heißt übersetzt so viel wie „die wahre Sache". „Yizo Yizo" zeigt den südafrikanischen Alltag der Gegenwart, wie er sich vor allem in den vormaligen Townships vollzieht. Und „Yizo Yizo" zeigt diesen Alltag ohne Angst vor Tabubrüchen, ohne Scheu vor Ablehnung, voller Mut zum unverstellten Blick auf die Wirklichkeit.

Dieses Motto von „Yizo Yizo" ist das Leitbild für die vorliegende Edition. Dass die TV-Serie überwiegend von schwarzen Südafrikanern gesehen wird und weniger von weißen, sei hier nur konstatiert, denn „Yizo Yizo" steht noch für etwas anderes: für die Stimme der jungen Generation, die das Kapitel der Apartheid – trotz aller auf lange Zeit hinaus spürbaren Nachwirkungen – nicht selten nur noch als einen Abschnitt im Geschichtsbuch Südafrikas betrachtet. Dieser junge, neue Ansatz ist es, diese literarische Aufbruchstimmung, welche die vorliegende Anthologie vorstellen möchte.

Das Ende der institutionalisierten Apartheid im Jahr 1994 hat eine breitere Themenpalette in die zeitgenössische südafrikanische Literatur gebracht. Südafrikanische

Autorinnen und Autoren werden nicht mehr nur am Grad der Apartheidkritik in ihrem Werk gemessen. Auch die Frage der stilistischen Gestaltung, des sprachlichen Ausdrucks, der Erzählerhaltung, des literarischen Experimentierens nimmt einen immer größeren Raum ein. Junge Autorinnen und Autoren beginnen, mit Metaphern zu spielen, mit Sprache zu jonglieren; sie müssen keine offizielle Zensur mehr fürchten und brauchen nicht mehr nach sprachlichen Schlupflöchern zu suchen. Sie können erproben, ausprobieren und testen.

Kein Wunder, dass sich auch das südafrikanische Verlagswesen im Umbruch befindet, dass Literaturzeitschriften – ganz in der Tradition des Schreibens in Südafrika – große Akzeptanz finden, dass gegenwärtig immer neue Literaturpreise gestiftet und zusätzliche literarische Foren genutzt werden. Zu den bekannten namhaften – häufig Universitäten angegliederten – Literaturmagazinen wie *New Coin* haben sich landesweit unabhängige Magazine gesellt, etwa *Botsotso, Chimurenga* oder *Kotaz*. Zur Publikation von Erzählungen oder Kurzgeschichten, die in der Literatur Südafrikas ohnehin eine beträchtlich gewichtigere Bedeutung einnehmen als etwa in Deutschland, können Autorinnen und Autoren auf Tageszeitungen, Jahrbücher – zum Beispiel das *Timbila Yearbook* –, auf Anthologien und das Internet zurückgreifen. Und während in Deutschland die Veröffentlichung in einer Anthologie meist nur als Vorstufe zu einem ‚richtigen' Buch gesehen wird, tragen Short Stories und Textsammlungen in Südafrika dem vibrierenden und vielgestaltigen literarischen Leben besser Rechnung. Sie sind nahe am Puls der Zeit und versuchen rascher, unmittelbarer, „die wahre Sache" zum Ausdruck zu bringen. Das Interesse am Schreiben ist ebenfalls groß – wie in Kapstadt nicht nur am

Andrang zum Centre for Creative Writing an der dortigen Universität zu sehen ist. Auch die Vitalität des Centre for the Book, in dem ein Writers Network mit Lesungen, Inszenierungen und Workshops angesiedelt ist, und die rege Beteiligung an der „Young Voices Online Writers' Conference", die im Vorjahr erstmals im *LitNet* (www.litnet.co.za) ausgetragen wurde, belegen dies in eindrucksvoller Weise.

Gründe genug also, um auch hierzulande das neue Südafrika in seiner vielfältigen literarischen Ausprägung wahrzunehmen – nicht mehr nur durch die Brille der Apartheids- und Postapartheidsbewältigung. Junge Literatur in Südafrika steht für viele Themen: für die Folgen des politischen Erbes ebenso wie für Hemmnisse und Chancen eines ungewohnten und unvertrauten Zusammenlebens; für die Probleme von Heimkehrern aus dem Exil wie für das Unbehagen in einem kriminellen Umfeld, das zudem merkwürdigerweise als problematischer eingestuft wird als die menschenverachtende Kriminalität des abgedankten Regimes; für eine neuartig zutage getretene Kluft zwischen Arm und Reich; für die Gegenwart von Aids, von Traumata, aber auch von Liebe, Begehren, Sehnsucht – ganz banal und in seiner Banalität manchmal dennoch, zumindest individuell, tragisch.

Junge Literatur steht aber auch, wie schon angesprochen, für das Erproben einer Stilvielfalt: Metapher, Parabel, Innenschau, Rückschau, Ironie, Melancholie, die Integration des Lingo, der Ausdrucksweise der Straße, und neue Schreibweisen – „kultcha" statt „culture", „howzit?" statt „how is it?". Auch die Schauplätze haben sich deutlich vergrößert: Zum ländlichen Südafrika und zum Südafrika der gepflegten Vorstädte tritt das gemischtere städtische Umfeld, kommt die Szenerie vormaliger Townships hinzu.

Die Vielfalt der neuen Literatur Südafrikas gibt ein hervorragendes Abbild einer Gesellschaft im Umbruch, in der sich ein Konsens – auch als Anspruch – erst entwickeln muss. Literarische Produktion ist daher direkt verknüpft mit der Gestaltung des Alltags, mit Nationbuilding. Doch so neuartig sich die südafrikanische Literatur momentan präsentiert, so sehr ist das Phänomen der Selbsterneuerung zugleich in der Literaturtradition Südafrikas verwurzelt.

Politische Wendepunkte in der Geschichte der Republik am Kap haben schließlich schon immer Marksteine in der literarischen Produktion gesetzt. Dem Wahlsieg der National Party 1948 und der zunehmenden Institutionalisierung der Apartheid stellte sich ab 1951 die heute legendäre Literaturzeitschrift *Drum* entgegen. Und auf das Soweto-Massaker 1976, als die Regierung eine Schülerdemonstration gewaltsam und blutig niederschlagen ließ, folgte eine Protestliteratur, die auf vielerlei Weise ihre Stimme erhob: In der Prosa als Black Consciousness Literature, in der Lyrik als Soweto Revival Poetry mit Mothobi Mutloatse oder Mongany Wally Serote, im Theater mit Athol Fugards „Serpent Players" und dem „Theater der Enteigneten" von Matsemela Manaka oder Maishe Maponya. So ist es nur selbstverständlich, dass bald 30 Jahre später die politische Entwicklung in Südafrika neue literarische Ansätze hervorbringt. Und wenn sich da hinein auch privat-persönliche Stimmen mischen, dann gibt das zum einen den Politikverlauf wieder und ist zum anderen Ausdruck von Normalisierung.

Diese Normalisierung ist freilich erst im Werden, im Entstehen begriffen. Noch immer ist Literatur in Südafrika auch geprägt von der Frage des Überlebens. Zwei der Autoren der vorliegenden Anthologie sind bereits verstorben: Phaswane Mpe, der so ruhig und distanziert, so sensibel und voller Zärtlichkeit das Leben im Schmelztiegel Hillbrow beschrieb, konnte seine Kurzgeschichten nicht mehr in einem eigenen Band publizieren; K. Sello Duiker, der gerade eine Stelle beim südafrikanischen Fernsehen angetreten und seinen dritten Roman fertig gestellt hatte, kann die Früchte seines Erfolgs nicht mehr ernten. Auch das ist „das wahre Leben" in Südafrika, ist die Wirklichkeit, der sich südafrikanische Literatur zu stellen hat.

Natürlich kann die vorliegende Anthologie nur ein vorübergehendes Abbild dieser bewegten südafrikanischen Gesellschaft und Literatur geben. Aber ebenso selbstverständlich ist, dass sich in ihr diverse Intentionen, Auffassungen und Überzeugungen spiegeln, mit denen südafrikanische Autorinnen und Autoren das literarische Leben ihres Landes kommentieren. Dafür stehen zahlreiche Gespräche, in denen Lektoren, Herausgeber, Autoren und Redakteure Eindrücke und Empfehlungen zum Ausdruck brachten.

Mein Dank diesbezüglich geht an Muff Andersson und Maggie Davey von Jacana Press Johannesburg für offene Ohren und ebensolche Gespräche; an Monika Bilstein vom Peter Hammer Verlag in Wuppertal für ihre frühzeitige Risikobereitschaft; an den Literaten André Brink für seine freundliche Bereitschaft, diese Anthologie mit einer Einführung zu unterstützen; an den Rockmusiker, Herausgeber und Schriftsteller Dave Chislett für sein lachendes Entgegenkommen und seine vorbehaltlose Hilfestellung; an K. Sello Duiker für seine warmherzige Aufnahme und sein geduldiges Entschuldigen meiner Verspätungen sowie an Judah und Meikie Duiker für ihr Einverständnis zur Publikation der Kurzgeschichte ihres verstorbenen Sohnes; an Malcolm Hacksley vom National English Literary Museum in Grahamstown für äußerst spontane, unkomplizierte und entgegenkommende Unterstützung in Fragen der Textauswahl; an den in Kapstadt lehrenden Professor und Autor Etienne van Heerden für seine Einschätzungen der Literaturszene; an den Poeten und Publizisten Allan Kolski Horwitz von Botsotso in Johannesburg für Vermittlung, Bücher und Vorschläge; an die Lektorin Annari van der Merwe aus Kapstadt für kompetente Darstellungen publizistischer Fragen und unermüdlich konstruktive Vermittlung in Copyrightfragen; an Phaswane Mpe für seinen nachhaltigen Einsatz bei der Suche nach Adressen und Kontakten; an den *die horen*-Herausgeber Klaus Stadtmüller und seine Lebensgefährtin Edith Werner in Durbanville für ihre Eindrücke von Literatur und Leben in Südafrika; an die Buchhändlerin Corina van der Spoel vom Boekehuis Johannesburg für ihren prägnanten Aufriss der gegenwärtigen afrikaansen Literatur; an die in Johannesburg lebende Poetin, Malerin und Autorin Véronique Tadjo für selbstlos überlassene Zeitschriften und Recherchetipps; an den Lektor und Schriftsteller Ivan Vladislavic für präzise und umsichtige Ratschläge sowie Leseexemplare; an den Sänger Jannie du Toit in Johannesburg für seine Kommentare zu Kabarett und Liedern auf Afrikaans; an Indra Wussow für Reisen zu den Quellen nach Südafrika und auch auf Sylt und nicht zuletzt an alle Autoren dieser Anthologie für ihre tatkräftige Bereitschaft, *Yizo Yizo* in dieser Form Wirklichkeit werden zu lassen.

André Brink
Das neue Südafrika er-schreiben

Knapp über zehn Jahre besteht das neue Südafrika, und damit ist es natürlich noch viel zu früh, grundsätzliche Aussagen über einen Kurswandel in der Literatur des Landes zu treffen. Doch wird bereits jetzt deutlich, dass der soziopolitische Wandel von bedeutsamen Veränderungen in der Literatur begleitet wurde.

Am offensichtlichsten ist vielleicht, was man als „Weg nach innen" bezeichnen könnte, eine Abkehr von der Politik als gesellschaftlichem Phänomen hin zu einer größeren Innerlichkeit. Natürlich ist bereits in vielen fiktionalen Werken, die in der Apartheid-Ära entstanden sind, das Bewusstsein einer Balance zwischen Privatem und Öffentlichem präsent. Es hat aber den Anschein, als ob das Erzählen in der neuen Zeit stärker von der menschlichen und individuellen Erfahrung geprägt wird als von der „Situation". Das mag zugleich eine Abkehr vom Soziopolitischen bedeuten und die Hinwendung zum Ethischen und Subjektiven beinhalten, was man aber nicht als Ablehnung oder Verweigerung der Politik gegenüber auffassen darf. Vielmehr hat ein Prozess des Neu-Denkens von Politischem, Gesellschaftlichem, Öffentlichem eingesetzt. Das Private, Persönliche wird zum Politischen. So wie das auch unter dem Einfluss des Feminismus der Fall gewesen ist.

Bei John M. Coetzee war dies immer deutlich, von *Im Herzen des Landes* über *Warten auf die Barbaren* bis hin zu *Schande.* Bei Nadine Gordimer tritt das Phänomen erstmals in *Die Geschichte meines Sohnes* und in *Die Hauswaffe* in den Vordergrund, um schließlich in *Keiner, der mit mir geht* am treffendsten verinnerlicht zu werden. Es bestimmt als Wesenseigenschaft Sindiwe Magonas *Mother to Mother,* in dem eine eindeutig politisch motivierte Tat – die Ermordung der amerikanischen Austauschstudentin Amy Biehl durch junge schwarze Aktivisten – als Interaktion zwischen zwei Müttern umgedeutet und dargestellt wird, von denen die eine schwarzer Hautfarbe, die andere weiß ist. Diese Art der Umdeutung kennzeichnet auch so unterschiedliche Romane wie Achmat Dangors *Bitter Fruit* und Damon Galguts *Der gute Doktor.*

Es scheint nur zu verständlich, dass die Aufsehen erregenden Wirkungen der Wahrheits- und Versöhnungskommission als treibende Kraft hinter diesen Veränderungen stehen. Trotz all ihrer Mängel und Unzulänglichkeiten stellt sie einen Wendepunkt in der jüngsten südafrikanischen Geschichte dar. Die Erlebnisse tausender Apartheidopfer (und einer Anzahl Täter), die öffentlich Zeugnis über die ganz persönlichen Schrecken ablegten, durch die sie gegangen waren, nahmen bezeichnenderweise die Form des Geschichtenerzählens im besten Sinne an: Zahllose Stimmen erzählten nicht etwa eine allgemeine oder öffentliche Version einer „akzeptablen" oder offiziell sanktionierten Geschichte, sondern die intimen und persönlichen Erfahrungen „einfacher" Menschen, die in den kodifizierten Formen der Geschichte (die immer und ausschließlich von Historikern geprägt wurde, die allesamt Männer weißer Hautfarbe waren) bislang keinerlei Platz gefunden hatten.

In einem solchen Kontext stellt Weiblichkeit eine herausragende Erfahrungsgröße dar – nicht nur aufgrund einer bemerkenswerten Zahl von Schriftstellerinnen, die sowohl in Afrikaans (zum Beispiel Elsa Joubert, Antjie Krog, Ingrid Winterbach, Marlene van Niekerk) als auch in englischer Sprache schreiben (Nadine Gordimer, Pamela Jooste, Susan Mann, Diane Awerbuck, Mary Watson und andere), sondern auch durch die intensivierte Erforschung dessen, was Weiblichkeit impliziert und herausfordert. In die literarische Erkundung dieser Dimension führen vor allem zwei Schlüsselwerke aus der Übergangszeit ein, die zu den ersten freien Wahlen im Jahre 1994 führte: Zum einen ist dies die Bekräftigung der Weiblichkeit, wie sie in Ellen Kuzwayos *Mein Leben: Frauen gegen Apartheid* deutlich wird, zum anderen die Wut und Verzweiflung, die sich angesichts von Schwächung und Ablehnung in Mtutuzeli Matshobas *Wo Soweto liegt* Bahn brechen. Ein ganzes Kapitel Geschichte ist in die beiden Romantitel eingeschlossen, und auf gewisse Art weisen sie den Weg zu Njabuḷo Ndebeles *The Cry of Winnie Mandela*, in dem die koloniale Geschichte als Ganzes im Abbild der penelopeischen, wartenden, klagenden und schließlich triumphierenden Frau feminisiert wird.

Der Beispiele dieser Hinwendung zum Weiblichen sind so viele, dass sie eine eigene Studie erforderlich machen würden. Die Erkundung des Weiblichen reicht von einer stillen und zarten Behauptung der weiblichen Sicht in Mary Watsons *Moss* bis zur Neubestimmung des „weiblichen Raums" in Miriam Tlalis *Mihloti*, von Elsa Jouberts verschlungenen Wegen durch die Geschichte bis zur triumphierenden Zergliederung von Unterdrückung und Unterwürfigkeit, wie sie Marlene van Niekerk in *Agaat* als Manifestationen des Weiblichen vornimmt. Und schließlich bleibt John M. Coetzee zu erwähnen, dessen Erforschung der weiblichen Erfahrung von den Vorstellungen der Magda in dem Roman *Im Herzen des Landes* über die hellseherische Klarheit der sterbenden Elizabeth Curren in *Eiserne Zeit* bis zu den beunruhigenden, facettenreichen Untersuchungen von Elisabeth Costello im gleichnamigen Roman reicht. All dies kann als neue Strömung in der Literatur gewertet werden, in der die Geschichte umgeformt wird, um die Gegenwart neu zu interpretieren.

Eine solche Neu-Erfindung der Geschichte ist zudem eine weitere Hauptströmung in der zeitgenössischen südafrikanischen Literatur. Während der turbulenten Jahrhunderte des Kolonialismus in Südafrika erlangte ein bestimmtes – und nur allzu vertrautes – Muster der Geschichtsschreibung die Vorherrschaft, ein Masternarrativ (im umfassendsten Sinne des Wortes), das von weißen Historikern ersonnen wurde. Mit der Abschaffung der Apartheid aber erhielt die Idee einer „südafrikanischen Geschichte" einen weiteren Sinn und gestaltete sich wie in einem Puzzlespiel aus einer Vielfalt umgeschriebener Geschichten: die Geschichte der Griqua in *Davids Story* von Zoë Wicomb, die Geschichte des großen Rindertötens bei den Xhosa in Zakes Mdas *The Heart of Redness* (die von dem jungen Schriftsteller Siviwe Mdoda in einem bislang unveröffentlichten Roman noch weiter getrieben wird), die Neubestimmung der Geschichte der Afrikaaner im Burenkrieg, wie sie Christoffel Coetzee vornimmt, die Geschichte der Frauen in *Die Reise van Isobelle (Isobelle's Journey)* von Elsa Joubert, und schließlich liefert Dan Sleighs Meisterwerk *Eilande (Islands)* einen erstaunlichen Überblick über die frühen Jahre der holländischen Kolonialbesetzung, wie sie von den Khoikhoi, den holländischen Kolonisten am Kap, den Herren in Holland, den frühen Siedlern in Batavia oder Mauritius, den Franzosen und Deutschen und Holländern in Europa im Gefolge des Dreißigjährigen Krieges erfahren wird. Viele dieser Geschichtsbetrachtungen kehren in ein vorkoloniales Afrika zurück, in eine Welt der Mythen und der Magie, die faszinierende Parallelen mit den Ursprüngen der westlichen Geschichtsschreibung – den Erfindungen des Herodot – aufweist.

An diesem Punkt verbinden sich die historischen Leistungen moderner südafrikanischer Fabeldichter mit dem, was man in Ermangelung eines besseren Begriffs als lokale Variante des „magischen Realismus" bezeichnen könnte. Diese Erzählweise ist weniger mit dem lateinamerikanischen Werk von Gabriel García Márquez, José Donoso, Mario Vargas Llosa, Carlos Fuentes, Jorge Amado und anderen verbunden, als vielmehr mit dem afrikanischen Kontinent, der seine ureigene Form des magischen Realismus in der langen Tradition mündlicher Dichtung hat, die sich über viele Jahrhunderte erstreckte, bevor sie schließlich im schriftstellerischen Werk so unterschiedlicher Autoren wie Amos Tutuola oder Ben Okri zum Ausbruch kam. Was diese Tradition beherrscht, ist zuförderst die Allgegenwart der Ahnen, die sich noch immer aktiv in die Angelegenheiten der Gegenwart einschalten, ein schwereloses Gleiten zwischen den Welten der Lebenden und der Toten.

Zakes Mda spielt damit virtuos in *Ways of Dying*. In seinem Roman *Die Madonna von Excelsior* fügt er dem eine weitere Dimension hinzu, indem er durch wiederholte Akte narrativer Magie die Gemälde des flämisch-südafrikanischen Künstlers Frans Claerhout zum Leben erweckt, so in der Zeit zu einem dunklen und schmutzigen Kapitel der

Apartheid zurückschreitet – und es in der Folge bildlich neu erschafft –, das davon handelt, wie eine Anzahl religiöser und politischer Führer im Freistaat-Dorf Excelsior der Missachtung des berüchtigten „Gesetzes gegen die Unmoral" angeklagt wurde.

Die Faszination des Magisch-Realistischen manifestiert sich auch in zahllosen anderen Formen, sei es in Anne Landsmans Roman *Die Brautkammer*, in dem der Straußenfederboom vom Ende des 19. und dem Anfang des 20. Jahrhunderts in der Karoo wiederersteht und eine erschütternde Gegenüberstellung von Vergangenheit und Gegenwart bewirkt, oder in den Erzählungen von Abraham de Vries, einem weiteren Schriftsteller aus der Kleinen Karoo, in denen das Alltägliche und scheinbar Gewöhnliche beständig entschleiert wird und etwas äußerst Unergründliches, Unerklärbares oder Groteskes im Wesen preisgibt. Oder sei es schließlich in den Fantasien und Bilderwelten von Ivan Vladislavic, der vor allem in seinem Kurzroman *Der Plan des Baumeisters* vor Augen führt, wie ein erstaunliches, multidimensionales „Luftschloss" mit Strick und Nagel zusammengefügt wird, nur um mit einem Handstreich zerschlagen zu werden, an dem sich offenbart, dass das ganze Gebäude lediglich ein Konstrukt der Sprache ist.

Ob realistisch oder fantastisch, geschichtlich oder gegenwartsbezogen, ein Großteil der Lebendigkeit und Vielseitigkeit der Literatur im Neuen Südafrika beruht auf einem erhöhten Bewusstsein der Sprache, wobei Sprache nicht als bloßes Vehikel für das Erzählen von Geschichten gesehen wird, sondern als ausdrucksvolle Begegnung mit Bedeutung und Wahrheit auf unterschiedlichen Ebenen. Nicht nur die Geschichte nimmt unsere Schriftsteller gefangen, sondern mehr noch der Prozess, sie zu erzählen, und dies in weit größerem Maße als je zuvor, da wir nun von den Reportageformen der Apartheidzeit zu Erfindung, Vorstellung und Entdeckung fortschreiten. Man kann es mit Recht als Kennzeichen eines Großteils der jüngeren Literatur bezeichnen, dass der Schreibakt und der Prozess des Schreibens selbst einer Prüfung unterzogen werden.

Dan Sleighs Erkundung der ersten Jahre holländischer Kolonisierung am Kap offenbart eine besondere Intensität, weil er seinem Protagonisten, dem Schreiber und Sekretär der Holländischen Ostindienkompanie, dabei über die Schulter schaut, wie er seine Memoiren (seine Erfindungen und Gefühle?) zu Papier bringt. Es ist der Schreibakt, der Sindiwe Magonas *Mother to Mother* ebenso Form verleiht wie dem Erzählen ihrer Geschichten in *An die Kinder meiner Kinder* oder *Forced to Grow*. Es ist das Schreiben, das in Zakes Mdas *Die Madonna von Excelsior* die Malerei in eine Neuentdeckung der Wirklichkeit und ihrer Ursprünge verwandelt. Der größte Teil des faszinierend komplexen Textes in Marlene van Niekerks *Agaat* tritt uns in Form von Tagebuchnotizen, Briefen, Gedichten, Erinnerungen oder der Transkription unausgesprochener Gedanken entgegen. Die narrative Handlung in John M. Coetzees *Mr. Cruso, Mrs. Barton und Mr. Foe* – sowie die Interaktion der Erzähler dieses Textes und jener aus Defoes *Robinson Crusoe* – liegt hauptsächlich in den Prozessen des Verbalisierens. Und in *Elisabeth Costello* bestimmen die Vorträge der Hauptfigur die Dynamik des Erzählens, und zwar von den Fragen und Antworten im Dialog mit ihrem Publikum im Buch bis hin zur Kommunikation mit den Lesern „außerhalb" oder „jenseits" des Buchs.

Was ich hier aufgezeigt habe, ist nicht mehr als ein kurzer Verweis auf die erstaunliche Vielfalt jüngerer Strömungen in der südafrikanischen Literatur. Es sollte aber bereits jetzt klar geworden sein, dass sich das Land kurz vor einer veritablen Explosion der Kreativität befindet. Es ist nicht länger geboten, wie es zu Zeiten der Apartheid so lange der Fall war, seine Darstellung der Schrecken und der Depression düster und hart zu fassen. Die Schriftsteller scheinen die einfache Wahrheit (wieder)entdeckt zu haben, dass es auch Anlass zu feiern und zu bekräftigen und zu erfinden gibt. Vieles mag noch Versuch sein oder Wiederholung (all die Erinnerungen von Kindern, die unter der Apartheid aufwuchsen ...) oder überzeichnet. Doch bereits jetzt steht fest, dass – wie in der Politik – auch die literarischen Leistungen der jüngeren südafrikanischen Geschichte Aufregendes in der Zukunft versprechen.

Chris van Wyk

Zauberei

Große Zauberschau
Wann: Dienstag, den 2. Februar
Ort: Aula
Eintritt: 20 Cent
Zugunsten: Seaside Fund
Kommt alle!

Jedes Jahr im Sommer organisierte der Seaside Fund für 100 Kinder aus Joburg einen Schüleraustausch mit Durban, der auf ein ganzes Trimester angelegt war – drei Monate. Es war gar nicht so einfach, sich für solch eine kostenlose Zugreise zu einer Schule an einem 650 Kilometer entfernten Strand namens Transhaven zu qualifizieren. Wer da mitwollte, musste folgende Anforderungen erfüllen: Er musste halb verhungert sein, selbst im Winter ohne Schuhe in die Schule kommen, er durfte niemals ein Pausenbrot dabeihaben. Und er musste Farbiger sein. Die meisten, ich selbst eingeschlossen, konnten gerade mal einem, bestenfalls zweien der Kriterien entsprechen.

In dem Jahr, als wir die zweite Klasse besuchten, wurde Kendrick Apollis ausgewählt. Er erfüllte alle Bedingungen. Außerdem hatte er nie ein Schnieftuch. Er durchlief die zweite Klasse schon zum dritten Mal; seine Mutter war von einem Bus angefahren worden und konnte nicht arbeiten – das nur für den Fall, dass auf dem Formular noch Platz war.

Als ich ein bisschen größer war, fragte ich mich, wohin wohl die armen Kinder reisten, die an der Küste wohnten, in der Zeit, wenn die armen Kinder aus Joburg an der Küste waren. Noch später dann überlegte ich, wie ein solches Schultrimester den armen Kindern überhaupt helfen sollte. Die Alten sagen immer, ein Bad in der See nimmt das Unglück vom Zeh. Doch nach drei Monaten am Meer kamen die Jungen und Mädchen in unsere Schule zurück, und nichts hatte sich für sie geändert. Barfuß, mit triefenden Nasen rannten sie umher und bettelten in der Mittagspause bei den Begüterten um ein Sandwich.

Egal, ich bat meine Mutter um 20 Cent, damit ich mir die Zauberschau ansehen konnte. Jedes Mal, wenn ich sie um Geld bat, sagte sie: „Otis, du glaubst wohl allen Ernstes, dass das Geld auf Bäumen wächst?“ Darauf wollte ich immer erwidern: „Wenn ich das glaubte, dann würde ich wohl kaum um Geld bitten, oder?“ Aber natürlich hütete ich mich, das zu äußern, denn da hätte ich auch gleich sagen können: „Streich mir für mindestens ein Jahr das Taschengeld.“

Sie wollte mir wirklich das Geld für die Schau verweigern, aber ich erinnerte sie daran, dass sie die 20 Cent nicht für mich übrig gehabt hatte, als in der Schule Steve McQueen in *Gesprengte Ketten* gezeigt worden war. In den elf Jahren, die ich auf dieser Erde weilte, hatten wir eine Art fiskalischer Abmachung getroffen: Ich durfte nur jedes zweite Mal um Geld bitten, wenn eine außerschulische Veranstaltung anstand.

Ich bekam also die 20 Cent, eine schmuddelige, kleine Münze, vorn das Bild des alten Premierministers drauf (der im Parlament erstochen worden und nun tot und begraben war), die sie aus einer Ecke ihrer Geldbörse exhumierte. Ma gab sie mir mit der Bemerkung, dass wir für die Münze zwei Brote kaufen könnten, aber das interessierte mich nicht. Bei uns zu Hause tauchte jeden Tag Brot auf und verschwand auch wieder, die Zauberschau aber gab es nur einmal in zehn Jahren.

Vorbei am zischenden Rohrstock von Mr. Kelly, der uns, wenn er uns nicht gerade eine Tracht Prügel verpasste, einer Dosis seines übel riechenden Atems aussetzte, dem vollendeten Brutfeld, in dem seine gelben Zähne vor sich hin faulen konnten, traten wir einer nach dem anderen in die Aula.

In der Aula standen keine Stühle. Wenn wir uns nämlich auf den Fußboden setzten, hatten noch 30 oder 40 mehr Platz. Also hockten wir mit untergeschlagenen Beinen da, fein säuberlich nach Klassenstufen aufgereiht, die erste Klasse vorn, und hinten die Fünftklässler. Das sollte denselben Effekt auslösen wie im Kino, wo jeder über die Köpfe seiner Vorderleute hinwegsehen kann. Bis zu einem gewissen Punkt funktionierte die Idee auch. Und dieser gewisse Punkt war ich: Ich saß hinter einem Jungen, der zum dritten Mal die gleiche Klasse durchlief, und während sein Gehirn denselben Stoff wieder und wieder durchkaute, wurde sein Körper größer und größer. So sollte ich also heute die schönste Stunde des Jahres mit dem Versuch verbringen, an eben den Ohren vorbeizuschauen, von denen seine Lehrer behaupteten, dass er sie gar nicht hätte – ja, es war der gute, alte Kendrick Apollis.

Egal. Vorhang auf!

Drei Männer stolzierten auf die Bühne. Sie lachten und brüllten. Einer bearbeitete eine Trommel, der zweite blies eine Pennywhistle, und der dritte Mann sang ein fröhliches Liedchen. Es gefiel uns, wirklich. Der Sänger brach ab und fuhr die beiden anderen an, still zu sein, damit er mit uns reden könnte.

Er schwenkte einen großen goldenen Reifen vor unseren Köpfen hin und her und wollte wissen: „Was ist das?“

Wir schrien durcheinander: „Ein Reifen!“ und „Ein Ring!“

Unsere Lehrer, die an den Seitenwänden der Aula auf Stühlen aufgereiht saßen, schmunzelten über das ganze Treiben.

Der Mann auf der Bühne tippte sich mehrmals mit dem Zeigefinger an die Schläfe. Das hieß, wir wären alle nicht ganz richtig im Kopf. Wir jubelten; was für eine erfrischende Abwechslung davon, blöd genannt zu werden.

Er langte nach einem Tuch und fragte uns: „Was hat es für eine Farbe?“

„Gelb!“ Da waren wir uns vollkommen einig.

Dann zog er das Tuch mit einer dramatisch langsamen Bewegung durch den Ring. Es wurde grün, und wir ließen ein lang gezogenes „Ohh!“ vernehmen. Er schenkte dem, was er tat, keinerlei Beachtung, sah uns stattdessen in gespielter Verwirrung an und fragte: „Was ist los?“

Wir zeigten mit 400 Fingern auf ihn und riefen: „Dein Tuch ist grün!“

„Was?“

„Dein Tuch! Erst war es gelb, und jetzt ist es grün!“

„Wie bitte?“

„Grün!“

Er musste sich erst die Hand hinter die Ohren halten, bevor er verstehen konnte, was wir riefen.

Er sah auf das Tuch hinunter, doch das war nun wieder gelb. Er beriet sich mit seinen beiden Freunden, und sie waren alle drei einer Meinung: Wir hatten sie nicht alle. Versuch mal, einen Zaubermann so weit zu bringen, dass er dich plemplem nennt. Das ist das Lustigste auf der ganzen Welt.

Weitere Zauberstücke folgten. Er nahm eine Keksdose und zeigte auf ein Mädchen zwei Reihen vor mir. Sie zeigte auf sich, um sicher zu sein, dass sie gemeint war. Der Zauberer fragte: „Bist du etwa Belinda Brown?"

„Nein, Sir", antwortete sie.

„Dann bist du die, die ich meine", erwiderte er.

Wie uns dieser Spaß zum Lachen brachte! Wir klopften uns auf die Schenkel und rutschten auf dem Hosenboden herum!

Das Mädchen stand auf, es war ein bisschen rot im Gesicht geworden, klopfte sich Unmengen unsichtbarer Fussel von ihrer Schuluniform und stieg auf die Bühne.

„Was siehst du in dieser Büchse?", fragte er sie. Sie schaute hinein, sah dann den Zauberer an.

„Steine?", antwortete sie, als wäre sie sich nicht ganz sicher. Und wer wollte ihr daraus einen Vorwurf machen. Sie hatte es immerhin mit einem Zaubermann zu tun.

„Zeig sie ihnen, sag's ihnen." Er gab ihr die Büchse mit den Steinen. „Schüttle sie."

Sie zeigte sie uns, sagte es uns und schüttelte die Dose.

Was hatte der Typ vor?

„Pass auf!", sagte er.

Er stellte die Büchse mit den Steinen auf einen Tisch, und sobald er sich abgewandt hatte, deckten seine Freunde ein Tuch darüber. Doch kaum hatten sie das getan, schrie er sie an: „Kümmert euch um euren eigenen Kram! Wer hat euch dazu aufgefordert?" und verlangte, dass sie ihr dämliches Tuch von seiner Büchse mit den Steinen nähmen. Nur, dass da jetzt eine Dose mit Süßigkeiten stand! Pfefferminzdrops, Toffees, Nugat, Kokosnuss. Und all das schenkte er dem Mädchen, das nicht einmal Belinda Brown war!

Dieses Kunststück wiederholte er mit einer Büchse voll

Schlamm, die er in einen Schokoladenkuchen verwandelte. Den überreichte er dann Mrs. Petersen, einer der Lehrerinnen für die erste Klasse.

Als ich an jenem Nachmittag nach Hause ging, grübelte ich darüber nach, warum er nicht einfach für uns alle Dosen voller Süßigkeiten und Schokoladenkuchen herbeigezaubert hatte. Wir hatten doch wahrlich mehr als genug Steine und Schlamm auf dem Schulgelände, die nur darauf warteten, in Leckereien verwandelt zu werden.

Aus irgendeinem Grund fällt mir jedes Mal, wenn ich an die Zauberschau denke, meine Auntie Leonie ein.

Eine knappe Woche nach der Vorführung, genau in dem Augenblick, in dem die Zauberschau nicht mehr Gesprächsthema Nummer eins war, rückte Ma mit Neuigkeiten heraus.

„Auntie Leonie kommt uns heute besuchen." Es war Sonnabend.

Auntie Leonie! Sie war die jüngste Schwester meiner Mutter. Sie war Mas genaues Ebenbild. Sie war nur größer. Und trug eine Brille. Sie war genauso liebenswert wie Ma. Bevor ich noch in die Schule kam, hat sie mir gezeigt, wie man einen Füller halten muss. Von allen Brüdern und Schwestern meiner Mutter wurde Auntie Leonie für die cleverste gehalten, weil sie es bis in die achte Klasse geschafft hatte. Ma war, genau wie alle anderen, in der sechsten Klasse abgegangen, zu Beginn der Highschool. Es muss das ewige Lernen gewesen sein, dem sie ihre Brille zu verdanken hatte. Auntie Leonie war 22.

„Und sie kommt mit ihrem neuen Freund."

„Ach, wirklich?" Das war alles, was mir zu sagen gestattet war. Etwas anderes, wie zum Beispiel: „Was ist denn mit dem alten Freund passiert?", wäre *ougat* gewesen.

In unserem kleinen Dreizimmertownshiphaus in Riverlea begannen die Vorbereitungen – die drei Stufen vor der Eingangstür mussten geputzt, die klebrigen Flecken vom Eingangstor geschrubbt, auf dem Teetisch im Wohnzimmer musste Staub gewischt werden. Dann schickte Ma mich zum Laden, eine Familienflasche Coke und eine Fanta kaufen. Sowie je eine Packung Bakers Romany Creams und Choice-Assorted-Kekse. Normalerweise gab es höchstens eine Flasche gekühlte Limo und eine Packung Choice Assorted, weil die ungefähr sieben Cent billiger waren als Romany Creams – und dann schlug ich mich mit meinen Geschwistern um die Kekse mit Zitronencreme, – denn davon waren nur zwei in der Packung. (Die Bakers Men können so knickerig sein, meine Güte.)

Am Nachmittag erschienen Auntie Leonie und ihr neuer Freund.

Sie kamen herein, und von der Küche her belauschte ich das „Guten-Tag-sehr-angenehm"-Ritual der Erwachsenen in unserem kleinen Wohnzimmer. „Arnold Rhoda", hörte ich meinen Vater sagen. „Verwandt mit Peter Rhoda, dem ehemaligen Mittelstürmer der Gladiators?"

„Mein großer Bruder!", hörte ich Arnold antworten. Und dann brachen alle vier Erwachsenen in höfliches Lachen aus, als wäre es eine lustige Angelegenheit, Peter Rhodas Bruder zu sein.

„Wo ist Otis?", hörte ich Auntie Leonie fragen. Ich grinste in der Küche vor mich hin und stand auf, um mir einen Schluck Wasser zu holen, damit es so aussah, als sei ich beschäftigt, wenn sie mich suchen kam. Sekunden später standen Auntie Leonie und ihr Freund in der Küche. Ich konnte nicht glauben, was ich da sah. Arnold Rhoda war ein klein gewachsener, untersetzter Mann – kleiner sogar als meine

Tante. Und auch in jeder anderen Hinsicht anders, als ich mir vorgestellt hatte. Ziemlich dunkle Hautfarbe, krauser Vollbart, lange weiße Zähne. In seinen kleinen braunen Augen glitzerte eine Schalkhaftigkeit, die ich normalerweise nur von Leuten meines Alters her kannte. Aus einem beigefarbenen Cordsakko schob sich eine Hand hervor, um meine kleine Hand zu schütteln. Ich reichte sie ihm und lächelte ihn an. Ich mochte ihn. Von Anfang an. Auntie Leonie sah, dass ich ihren neuen Freund mochte, und strahlte hinter ihrer großen, runden Brille.

Doch das war erst der Anfang.

Normalerweise haben Kinder nach Keksen und Tee und Limo zu verschwinden. Denn dann ist der Zeitpunkt gekommen, dass die Erwachsenen sich darüber unterhalten, wer gerade schwanger ist, wer noch nicht verheiratet ist, wer gerade schwanger und noch nicht verheiratet ist und so weiter. Onkel Arnie aber verlangte ein Kartenspiel, und Ma wusste, dass ich ohne Bedenken noch ein bisschen bleiben konnte.

Er ließ mich eine Karte ziehen. Das war ein ganz alter Trick. Den kannte ich schon. Ich zog die Karo-drei und steckte sie zurück in das Kartenspiel. Er mischte den Stapel. Er hielt inne. Er dachte angestrengt nach.

„War es die hier?“ Er hielt mir die Kreuz-zwei entgegen.

„Nein.“

Er warf sie auf den Tisch, die Vorderseite nach unten. Er zeigte mir wieder eine Karte. Erneut lag er daneben. (So ging dieser Trick nun wirklich nicht.) Auch die warf er auf den Tisch, die Vorderseite wieder nach unten. Er zeigte mir noch eine Karte. Onkel Arnie war aber so etwas von schief gewickelt, der kriegte ja nicht mal die Farbe hin. Inzwischen lagen schon drei Karten mit der Vorderseite nach unten zwischen uns.

„Ich frag mich, warum du immer nein, nein, nein, sagst, wenn deine Karte schon hier liegt" (auf dem Tisch, mit der Vorderseite nach unten).

„Aber, Onkel Arnie ..." Ich wandte mich zu meiner Tante um, doch die hob lediglich die Brauen hinter ihrer Brille. Ma lachte, Da sah amüsiert aus.

„Hier liegt deine Karte", sagte der Kurzgewachsene und zeigte auf die drei falschen Karten.

„Stimmt überhaupt nicht." Ich kannte ihn lange genug, um einen Hauch Unwillen in meine Stimme zu legen. Der kleine, bärtige, neue Freund meiner Tante hatte mir drei Karten gezeigt, und von denen war keine die richtige gewesen.

„Okay, welche Karte hattest du gewählt?"

„Die Karo-drei", verkündete ich triumphierend.

„Na, dann sieh dir die mal an", meinte er und zeigte auf die drei Karten auf dem Tisch.

Ich drehte sie um, und da lag meine Karte, die Karo-drei! Mein Gesicht muss irgendetwas zwischen Unglauben und Verblüffung ausgedrückt haben. Ich war ausgetrickst worden. Ich konnte aber erkennen, dass auch meine Eltern auf den Trick reingefallen waren. Nur Auntie Leonie schien unbeeindruckt. Ich bat Onkel Arnie, den Trick noch einmal zu wiederholen. Diesmal verfolgte ich haargenau jede seiner Bewegungen. Sogar, wenn er seine Zigarette im Aschenbecher ausdrückte oder sein Glas Bier absetzte, das Da ihm eingegossen hatte, behielt ich meine Augen auf dem Kartenstapel. Doch erneut führte er mich hinters Licht.

Und wieder und wieder.

Seine Zauberkünste waren nicht auf Spielkarten beschränkt. Er führte uns vor, wie man eine 20-Cent-Münze unter einer umgedrehten Flasche hervorholt – ohne die Flasche anzuheben. Dann ließ er dieselbe Flasche (die Familienflasche Fanta, inzwischen leer getrunken) ohne jede Stütze in einer Zimmerecke stehen – auf halber Höhe zwischen Fußboden und Decke. Auch erriet er siebenmal hintereinander die genaue Zahl der Streichhölzer in einer Streichholzschachtel! Einfach dadurch, dass er die Schachtel an seinem Ohr schüttelte.

Ein Jahr später war meine Tante Mrs. Arnold Rhoda. Sie hatten einen Sohn, und meine Tante war wieder schwanger. Onkel Arnie hatte ein Haus gekauft, das lag an der Ecke zu unserer Straße und glich unserem wie ein Haar dem anderen. In jenen Tagen stellte das etwas ganz Unerhörtes dar, denn damals waren die Wartelisten für Häuser so lang, dass Leute, die heirateten, normalerweise erst in ein eigenes Zuhause einziehen konnten, wenn ihr ältestes Kind auf der Highschool war. Ich hörte meinen Vater bewundernd sagen: „Arnold! Ich sag dir, der hat Beziehungen."

Ich mochte meine Tante noch immer sehr gern. Wenn Ma mich auf meinen täglichen Gang zum Laden schickte, um Brot zu holen, schaute ich jedes Mal bei ihr vorbei und fragte, ob sie auch etwas aus dem Laden wollte. Auntie Leonie mochte mich auch immer noch gern. Aber augenscheinlich war sie viel zu beschäftigt. Windeln waschen, die Windeln im winzigen und kahlen Hof zum Trocknen auf die Leine hängen, einem Baby die Brust geben, ein anderes mit dem Löffel füttern, Windeln wechseln. Manchmal war sie so beschäftigt, dass sie nicht mehr wusste, wo sie ihre Geldbörse hingelegt hatte oder was sie aus dem Laden brauchte oder um mich zu fragen, ob ich die soundsovielte Klasse geschafft hatte. Die Jahre vergingen, und sie bekam ein Kind nach dem anderen.

Jedes Mal, wenn ich an einem Samstagnachmittag an ihrem Grundstück vorbeikam, war Onkel Arnie zu Hause. Gemeinsam mit seinen Arbeitskollegen und anderen Freunden, die zu Besuch waren. Die braunen Quartflaschen mit Castle und Lion, der Richelieu-Brandy und Mainstay Cane Spirit auf dem Tisch stellten einen vertrauten Anblick für mich dar. Die Musik vom Plattenspieler – El Ricas, Trini Lopez, Johnny Mathis and The Flames – gewohnte Laute.

Ein weiterer Laut, der über die Jahre Vertrautheit erlangte, war Onkel Arnies Lieblingswort für meine Tante: „Schlampe." Es wurde folgendermaßen verwandt: „Bring die Steaks, Schlampe. Wie lange sollen wir denn noch warten?" Das „wir" stand für ihn und seine Kumpel.

„Schlampe, rück mehr Geld für Bier raus. Und beweg deinen fetten Arsch." Das sollte ein Witz sein, doch lachten seine Freunde nie so herzlich darüber wie er selbst.

„Hey, Schlampe, das Scheißbalg schreit, geh und sieh nach, was los ist, mein Gott."

Oder einfach: „Ach, verpiss dich, Schlampe!"

Auntie Leonie nannte ihn bei keinem anderen Namen. Für sie war er immer Arnie.

Eines Abends – nein, es war ungefähr drei Uhr morgens – klopfte es an das Schlafzimmerfenster meiner Eltern. Ich wurde wach und hörte, wie meine Mutter das quietschende Fenster öffnete, und die Stimme meiner Tante, ebenfalls quietschend, allerdings vor Angst. Ihre Kinder weinten, in ihren Armen und an ihren Rockzipfeln.

„Ach, bitte, Jean, hol David aus dem Bett. Arnie ist völlig ausgerastet!"

Ich hörte, wie Da sich aufrappelte. Er zog Hosen an, eine Strickjacke. Und Latschen! Von den Latschen war ich enttäuscht. Damit konnte man niemanden in den Hintern treten. Mein Vater ging hinaus in die kalte, kläffende Nacht.

Nachsehen, was Onkel Arnie am anderen Ende der Straße im Schilde führte. Mein Vater war der ehemalige Torhüter der Dazzlers. Er war groß und schlank, athletisch gebaut und kannte sich perfekt darin aus, wie man einen Gegenstand kickte. In jener Nacht allerdings nicht. Zumindest hatte es nicht den Anschein. Hellwach, wie ich inzwischen war, die Ohren gespitzt, setzte ich mir die Geschichte zusammen. Zunächst aus dem, was Ma und Auntie in der Küche sprachen, während sie eine Tasse Tee tranken und auf die Kinder einredeten, um sie zu beruhigen. Dann eine halbe Stunde später, nachdem Da zurückgekommen war und ihr den Rat gab, noch ein bisschen zu schlafen – auf der Couch. Alles sei in Ordnung, Arnold schlafe seinen Rausch aus.

Er hatte zusammen mit seinen Kumpanen zwei Flaschen Brandy ausgetrunken. Nach Mitternacht waren seine Freunde nach Hause gewankt. Er aber hatte noch nicht genug und verlangte von meiner Tante fünf Rand für Schnaps. Sie wollte ihm das Geld nicht geben – „weil ich es einfach nicht hatte", erzählte sie meiner Mutter. Er verprügelte sie. Ihre Schreie weckten die Kinder auf. Ein verängstigtes, weinendes Bündel auf dem Bett. Er griff sich im Bad eine Flasche Paraffin, schwankte nach draußen und versprühte es rund um das Haus. Dann versuchte er, ein Streichholz anzuzünden ... „In dem Moment habe ich mir die Kinder geschnappt und bin hierher gerannt."

Weitere Klopfaktionen am Fenster folgten. Immer in den Nächten von Samstag zu Sonntag. Noch viel mehr Tränen flossen. Manchmal lief Auntie Leonie tagelang mit einem blauen Auge herum.

Eines Tages fasste sie den Entschluss, dass das Maß jetzt voll sei. An einem Freitagabend kam Onkel Arnie nach Hause, volltrunken. Er trommelte gegen die Tür und weckte meine Tante. Sie öffnete die Tür. Da stand er, hin und her schwankend. Er hatte eine Freundin mit. Eine Frau, die Auntie Leonie noch nie im Leben gesehen hatte. Eine Frau, die keinen Tag älter als 20 sein konnte, in Levis, die ihr zu eng waren, und einer billigen, knappen Bluse, aus der ihr fast die Brüste heraussprangen. Eine Mischung aus billigem Parfüm und tagealten Brandyschwaden umwehte sie. Auch sie schwankte, außer stoßweisem Kichern brachte sie nichts hervor, Verlegenheit oder Beschämung dem Geschehen gegenüber ließ sie nicht erkennen. Ich weiß nicht, wie mein Onkel es meiner Tante beizubringen versuchte, jedenfalls teilte er ihr mit, dass Carol, seine Freundin, heute Nacht mit ihnen im Bett schlafen würde. In diesem Augenblick, so ist es überliefert, nahm Auntie Leonie das Lieblingswort meines Onkels in den Mund.

Danach redete Auntie Leonie kaum noch mit jemandem über den Vorfall. Doch gemeinsam mit meiner Mutter plante sie die große Flucht. Auntie Leonie sparte ein bisschen, borgte sich ein wenig Geld, verkaufte ein paar Sachen für ein paar zusätzliche Rand. Einige Wochen später ging sie zur Park Station, kaufte eine Fahrkarte dritter Klasse nach Durban (Kinder unter sieben Jahren zahlten nichts). Dort wollte sie ein neues Leben beginnen, ohne Arnold, ohne einen anderen Mann.

Der Tag kam. An einem Freitagmorgen stand Onkel Arnie auf und ging zur Arbeit. Freitag war der Tag, an dem sein wildes Wochenende begann und Auntie Leonies Albtraum, und der dauerte vom späten Freitagnachmittag bis in die frühen Stunden des Montagmorgens.

Die Farbigen hatten dem Freitag die Bezeichnung „Buschmanns Weihnacht" verpasst. Am Freitag erhielten die meisten Farbigen ihren Lohn ausgezahlt, was immer eine Art Ekstase auslöste. Montagmorgen hatten dann viele nicht mal mehr die 50 Cent für den Bus, der sie zur Arbeit bringen sollte. Doch wen kümmerte das, wenn am Freitagnachmittag der erste Schluck die Kehle hinunterströmte, sich in den Magen ergoss und bewirkte, dass sämtliche Montage aus dem Kalender verschwanden – von jetzt an bis in alle Ewigkeit.

Die Onkel-Arnie-Wochenenden waren keine Seltenheit in Riverlea. Man brauchte nur an die Lunds und die Radcliffs denken, die uns gegenüber wohnten. Mr. Lund hatte Mr. Radcliffs Schwester geheiratet und Mr. Radcliff die Schwester von Mr. Lund. Sie standen sich also näher als die meisten. Dazu waren sie noch Nachbarn. Anders als Onkel Arnie und Auntie Leonie tranken die beiden Paare immer im Viererpack, wobei sie sich gegenseitig besuchten. Sie tranken, scherzten, grillten, tranken, sangen und wurden rührselig. Dann kam es zum Streit, der sich für gewöhnlich an etwas Unbedeutendem entzündete: einem verschütteten Drink („hast du 'ne Ahnung, was das Scheißzeug kostet?"), dem Text eines Liedes („'s muss heißen: ..."), weil einer zu lange auf der Toilette blieb („biste wieder auf der Klobrille eingeschlafen?"). Daraufhin ging das andere Paar nach draußen und zerschmiss, jeder mit einem halben Ziegelstein bewaffnet, den Gastgebern an ihrem kleinen Streichholzschachtelhäuschen sämtliche Fensterscheiben. Anschließend wuchtete sich das Gastgeberpaar über den Zaun zwischen beiden Häusern und ließ dem anderen Haus dieselbe Behandlung angedeihen: Auge um Auge, Zahn um Zahn.

Doch zurück zur großen Flucht. Sobald sich Onkel Arnie auf dem Weg zur Arbeit befand, wurde Auntie Leonie aktiv. Mit einem Ausdruck von Entschlossenheit auf dem Gesicht, den man zuletzt fünf oder sechs Jahre zuvor an ihr gesehen hatte, in der Zeit vor ihrer Hochzeit.

Sie wusch die Kinder, packte drei oder vier Koffer voll mit den wichtigsten Dingen, füllte eine Tupperdose mit Käsebroten und Tomatenschnitten fürs *padko*. Sie kam vorbei, um Ma Auf Wiedersehen zu sagen – ich war in der Schule, Da arbeiten. Ma gab ihr die Zugfahrkarte, die sie für sie aufbewahrt hatte. Den Schlüssel hinterlegte meine Tante bei einer Nachbarin – er sollte Onkel Arnold ausgehändigt werden, wenn er am Abend von der Arbeit zurückkehrte. Mr. Jardine, ein weiterer Nachbar, der bereits in Rente war, fuhr sie in seinem alten Anglia zum Bahnhof.

Durban. Ein neues Leben. Ohne Onkel Arnie, seine Sauferei und seine Flüche, ohne die Prügel, die Bestrebungen, das Haus niederzubrennen, und ohne seine Forderung nach Sex zu dritt. In Durban existierten gute Textilfabriken, und eine alte Schulfreundin, die jetzt auch in Durban wohnte, suchte schon nach einer Arbeit für meine Tante. Im Augenblick aber stand sie auf dem Bahnsteig 14, umgeben von Koffern und Taschen mit Reißverschlüssen, die nicht funktionierten, einem Kind, das Hunger hatte, einem zweiten, das Durst hatte, und einem dritten, das pullern musste. Der Zug fuhr ein. Und wie aus dem Nichts, wie der Pik-Bube in einem seiner Kartentricks, stand Onkel Arnold auf einmal vor ihr.

Das war ein derartiger Schock für meine Tante, dass sie weinte und sagte: „Willst du mir Vorwürfe machen, Arnie? Willst du mir die Schuld geben?" Sie nahm ihre Brille ab und wischte sie an ihrem Kleid sauber, setzte sie wieder auf, nahm sie erneut ab. Woher wusste er, dass sie ihn verlassen wollte? Es wartete noch eine Überraschung auf sie: Er zückte eine Fahrkarte nach Durban und stieg mit ihr und den Kindern in den Zug.

Jetzt wohnen sie schon 30 Jahre in Durban, in einem Slum namens Wentworth. Onkel Arnold hat Arbeit im Hafen gefunden, wo er Schiffe repariert. Auntie Leonie arbeitet als Näherin. Sie haben drei weitere Kinder bekommen. Jeden Freitag kommt Onkel Arnie betrunken nach Hause und verprügelt sie. Noch immer ruft er sie Schlampe, und sie nennt ihn Arnie. Abgesehen davon, dass sie alle einen Durbaner Akzent haben, hat sich nicht viel geändert: Die meisten Leute sehen in ihnen nichts weiter als eine ganz normale, farbige Familie in Südafrika.

Farida Karodia

Zufallsbegegnung

Andrew schaute von der Veranda aus zu, wie Petrus, der Gärtner, unter den Bäumen Schutt wegräumte. Sie hatten schwer gearbeitet, um das alte Anwesen auf Vordermann zu bringen. Ihr Lohn bestand nun darin, dass Grundstück und Gebäude fast wieder so herrlich aussahen wie früher.

Er konnte nicht umhin, tiefe Befriedigung über das zu empfinden, was sie geleistet hatten, zumal mit Blick auf die Kollegen an der Universität. Als er sich das Anwesen zum zweiten Male ansah, hatte er zwei Kollegen mitgenommen, die ihm ihre Meinung sagen sollten, bevor er dem Makler ein Angebot unterbreitete. Beide waren vom Zustand des Hauses und des Gartens entsetzt. Andrew aber hatte die Möglichkeiten hier erkannt.

Begierig darauf, sich Petrus anzuschließen, trank er seinen Kaffee aus. Der alte Garten bereitete ihm große Freude. Über den steinernen Terrassen bildeten ausladende Guaven-, Loquat- und Litschibäume einen Baldachin, der das Sonnenlicht nur in Sprenkeln durchließ. Der Teich in der Mitte des Gartens war leer. Nur ein paar Fischskelette, die in den Rissen des Betonbodens vermoderten, zeugten davon, dass sich einst Goldfische im Teich befunden hatten.

Andrew ging hinüber, um sich anzusehen, welche Fortschritte Petrus beim Graben am Westzaun gemacht hatte.

„Viel zu viel Arbeit“, murrte der und stemmte die Arme in den Rücken, als er sich aufrichtete.

Petrus grub weiter, während Andrew in Gedanken auflistete, was noch zu tun blieb. Nicht einmal Petrus schlechte Laune konnte ihm die Freude an seinem Garten verderben. Die Arbeit mit der Erde und den Blumen hatte ihm immer ein Gefühl des Friedens und des Trosts verschafft.

In den schweren Monaten, nachdem ihn Margaret, seine Frau, verlassen und die gemeinsame Tochter Justine mitgenommen hatte, war der Garten in Shaughnessy, einem Vorort von Vancouver, seine Rettung gewesen. Sie hatten gerade erst fünf Jahre in Kanada gelebt, als dies geschah.

Das Haus in Shaughnessy war Teil eines anderen Lebens. Die Vergangenheit mitsamt seiner Familie gehörte einer anderen Dimension an und hatte überhaupt nichts mit der Gegenwart zu tun, die seit seinem Herzinfarkt eine unerträgliche Dringlichkeit in sich barg, als liefe er in einem Wettrennen mit.

So vieles war noch unerledigt. So viel Reue lauerte unter der Oberfläche. Wie eine Wunde, die nicht heilt.

Ein einziger Zwischenfall hatte sein ganzes Leben auf den Kopf gestellt. Ein unbeabsichtigter Fehltritt eines Abends, bei einer Fakultätsfeier. Alles hätte er gegeben, hätte er auslöschen können, was geschehen war, die Uhr zurückdrehen und den Ereignissen jenes Abends eine andere Wendung geben können. Das kurze sexuelle Abenteuer war den Herzschmerz und das Elend nicht wert, das es über so viele Menschen in seinem Leben gebracht hatte.

Wenn er jetzt spekulierte, wie alles verlaufen wäre, quälten ihn Selbstzweifel und Fragen. Margaret, unbarmherzig in ihrer Schuldzuweisung, hatte alles auf ihn abgeladen, einschließlich der Tatsache, dass sie mit ihm nach Kanada hatte ziehen müssen. Sie konnte ihm nicht verzeihen, dass sie die vielen Opfer für ihn gebracht und er sie hintergangen hatte.

Margaret und er hatten versucht, ihre Ehe um Justines willen zu retten, was sich schließlich aber als nicht machbar erwies. Jener Zwischenfall hatte einen Keil in ihre Beziehung getrieben und letzten Endes alles zerstört, was sie miteinander verband.

Einmal hatte Margaret ihm vorgeworfen, er wäre ein abscheulicher Vater. Rückblickend erkannte er, dass ihre Kritik ein Stück Wahrheit beinhaltete. Er hatte nicht genügend Zeit mit seiner Familie verbracht, hatte immer bis spät abends gearbeitet, dann die Institutsversammlungen, die Arbeiten, die zu benoten waren, zusätzliche Pflichten, denen er sich widmen musste. All die Zeit, die er besser mit seinem eigenen Kind verbracht hätte, hatte er den Kindern anderer Leute gewidmet.

Nach der Scheidung ging Andrew an die York University in Toronto. Dort lehrte er Internationales Recht. In Toronto lernte er auch Yvette kennen, eine Englischlehrerin. Seine zweite Frau.

Andrew und Yvette heirateten ein Jahr später und gingen durch eine sturmgepeitschte Beziehung, die zwei weitere Jahre andauerte. Bei ihrer Scheidungsverhandlung hatte Yvette seine Arbeit als Grund für das Scheitern ihrer Ehe angegeben. Margaret hatte inzwischen wieder geheiratet und war nach Sydney gezogen. Justine hatte sie mitgenommen.

Da er bereits an den Trennungsschmerz gewöhnt war, erholte er sich von der zweiten Scheidung leichter als von der ersten, bei der er Frau und Tochter verloren hatte.

Einige Monate später erlitt er einen Herzinfarkt. Und

auch wenn er inzwischen wieder gesund war, hatten die Ärzte ihm nahe gelegt, jeglichen Stress zu vermeiden.

Ein paar Wochen vor den ersten freien Wahlen in Südafrika war dann eine Einladung gekommen, das Land zu besuchen, „zum Zwecke der Diskussion und einer möglichen Beteiligung an einer neuen Regierung". Seine Kenntnisse in Internationalem Recht und Internationaler Politik waren für die entsprechenden Parteien von großem Interesse. Die Herausforderungen waren ungeheuer. Aber er war noch nicht so weit. Noch immer gab es in seinem Privatleben zu viele ungeklärte Dinge, die sein Denken beeinträchtigten.

Es dauerte fünf weitere Jahre, bis er nach Südafrika zurückkehrte und eine Stelle an der University of Natal annahm.

Andrew setzte sich ein paar Minuten hin. Neuerdings ermüdete er schnell, obwohl er sich zwang, jeden Morgen mindestens zwei Kilometer zu joggen. Mit 58 wurde ihm die eigene Vergänglichkeit zunehmend bewusst. Die Warnung des Arztes vor einem möglichen zweiten Infarkt hing wie ein Leichentuch über seinem Leben.

Woher kam es, dachte er bei sich, dass er, obwohl er sich inständig nach Frieden sehnte, im Unterbewusstsein nach Absolution verlangte? Mit der Rückkehr hatte er sich erhofft, all die Jahre des Unglücks rechtfertigen zu können. Er hatte gehofft, sein Leben mit bedeutungsvoller Aktivität ausfüllen zu können. Doch nur wenig schien sich geändert zu haben. Die Leere war immer noch da. Genauer gesagt, das Gefühl, seine innere Mitte verloren zu haben. Es war, als hätte er die Achse verschoben, um die er kreiste, und wäre dadurch außer Kontrolle geraten. Sich seiner Schieflage nur allzu bewusst, wartete er darauf, dass diese sich von selbst korrigierte.

In der Zwischenzeit beschäftigte er sich mit Gartenarbeit. Darin lag keinerlei Herausforderung, und es bestand keinerlei Notwendigkeit, sich mit außergewöhnlichen Heldentaten hervorzutun oder Termine einzuhalten. Die Gartenarbeit bot Gelegenheit zur Entspannung. Er hatte das Gefühl, er könnte sich vollständig der Freude überlassen, in der warmen Erde zu arbeiten, mit den Händen zwischen den Wurzeln zu wühlen, umgeben vom Geruch verrottender Pflanzen.

Er bemerkte, dass Petrus ihn dabei beobachtete, wie er die Bougainvillea begutachtete. „Wo ist die Gartenschere?“, fragte er ihn.

Petrus brachte sie ihm und zeigte ihm auf seine langsame, bedächtige Art, welche Ranken er zurückschneiden und welche er stehen lassen sollte.

Voller Elan bog Andrew die rosa- und burgunderfarbenen Blütenbüschel auseinander. Gleichgültig gegenüber allem, was ihn umgab, mit Ausnahme des Klapperns der Schere, trennte er die Blütendolden ab und kappte die Ranken mit geschickten Schnitten.

Der Ruf eines Händlers, der näher kam, drang langsam durch den Nebel seiner Versunkenheit in die Arbeit. „Frisches Obst und Gemüse. Kauft eure Pfirsiche und Birnen, eure *naartjies* und Litschis! Frisches Obst ...“

Obwohl ein Lautsprecher die Stimme verzerrte, hielt Andrew in seiner Arbeit inne und lauschte. Er ließ die Gartenschere fallen und lief, von Petrus missbilligendem Blick verfolgt, zum Tor.

Ein grüner Lieferwagen rollte langsam die Straße herab, wobei ein Hinterrad eigenartig flatterte. Handgemalte, verzerrte Bilder verschiedener Gemüse schmückten in leuchtenden Farben die Türen. BAMJIS OBST UND GEMÜSE stand in riesigen Buchstaben auf der Hintertür.

„Bamji! Bamji!", rief Andrew gellend. Der Lieferwagen ruckelte und kam stotternd zum Stehen. „Bamji! Bist du das, alter Halunke?"

Ein bärtiges, brillenbewehrtes Gesicht schoss aus dem Fenster heraus. „Mr. Davis, hey, Mr. Davis! Sind Sie also zurück, neh?"

Bamji wendete hurtig und brachte den Wagen vor dem Tor zum Stehen. Mit einer schwungvollen Bewegung öffnete er die Tür und sprang heraus.

„Du erinnerst dich also noch an mich, was, Bamji?"

„Natürlich. Wo warn Sie denn, Mr. Davis? Hab gehört, Sie warn in Kanada."

„Ja", nickte Andrew zustimmend. „Aber es ist schön, wieder zu Hause zu sein. Und du bist noch immer im Geschäft, wie ich sehe. Wie ist es dir ergangen, Bamji?"

„So lala. Insgesamt nich schlecht. Ich muss nich mehr wie'n Esel den alten Handkarren ziehen", sagte er und musterte Andrew prüfend. „Shish, es is so lang her. 20 Jahre vielleicht, seit ich Sie das letzte Mal gesehen hab, oder?"

Abgesehen von einem schmalen Saum ergrauenden Haars war Bamji völlig kahl. Er betrachtet Andrew durch dicke Brillengläser, dann klopfte er sich mit breitem Grinsen auf den Bauch. Andrew zog ihn auf, wiederholte den alten Spruch, nach dem der Körperumfang eines Mannes proportional zu seinen verbesserten Lebensumständen wuchs.

„Stimmt nich für mich", lachte Bamji. „Ich bin immer noch nich Millionär wie'n paar andre Typen, trotzdem, ich kann nich klagen."

„Wie geht's der Familie?"

„Ganz gut. Und Ihrer?"

Andrew zögerte. „Meine Frau und ich sind nicht mehr zusammen."

„Tut mir Leid." Bamji fuhr sich mit der Hand über den kahlen Schädel. Die Haut war ledrig von der Sonne. Einen Augenblick lang schwiegen die beiden Männer.

„Hast du jemals etwas von Lalitha gehört?", fragte Andrew schließlich.

Bamji lächelte gequält und schüttelte den Kopf.

„Du willst mir allen Ernstes sagen, dass du deine Tochter nie wiedergefunden hast?"

Bamji scharrte mit der Schuhspitze auf dem Bürgersteig. Er blickte auf und zuckte mit den Schultern. „Das letzte Mal hab ich sie gesehen, als ich sie hierher zu Ihnen gebracht hab."

Andrew schwieg.

„Ich weiß auch nich, warum so was passiert. Das weiß Gott allein, eh?" Bamji seufzte. „Das Leben muss weitergehn."

„Das muss es wohl."

„Damals waren da noch andere Kinder, um die ich mir Sorgen machen musste. Sie wissen ja, ich hatte sechs. Sind noch immer alle zu Haus – und jetzt noch fünf Enkel dazu."

„Und sie wohnen alle bei dir?"

Bamji nickte. „Bleiben Sie jetzt hier?"

„Ja, zumindest für eine Weile."

„Warum wohnen Sie nicht in Ihrem alten Stadtteil? Ist doch 'ne sehr gute Gegend."

„Hier ist es besser für mich, Bamji."

„Lassen Sie mich wissen, wann immer Sie was brauchen, Mr. Davis. Ich bring's Ihnen vorbei. Donnerstags hab ich auch Fisch im Angebot." Er kletterte zurück in den Lieferwagen.

„Ich sag meiner Haushälterin Bescheid."

Andrew blickte dem davonfahrenden Bamji nach und

kehrte in den Garten zurück. Er rechnete nach. Fast 22 Jahre waren vergangen, seit er das Mädchen zum letzten Mal gesehen hatte. Ihr Gesicht stand ihm immer noch deutlich vor Augen. Er konnte ihre Augen sehen, groß und intelligent, voller Unsicherheit. Sie hatten die seltsamste Farbe, die er je erblickt hatte – grau, mit Pupillen in der Farbe ausgewaschener Holzkohle. Gott, war das lange her.

Im Garten griff er wieder zur Schere und fuhr fort, die Bougainvillea zu beschneiden. Dennoch, das Wiedersehen mit Bamji hatte viele Erinnerungen in ihm aufgewühlt.

Damals hatte Bamji seine frischen Waren von einem kleinen Handkarren herunter verkauft. Andrew erinnerte sich, wie Vater und Tochter sich gequält hatten, den Karren den Hügel heraufzuziehen, auf dem Margaret und er wohnten. Dann langte Bamji an ihrem Tor an, schwitzend und außer Atem, und klagte jedes Mal, dass er für diesen nie endenden Kampf zu alt werde.

Das Mädchen hockte auf der anderen Straßenseite auf der Bordsteinkante, geduldig wartend, den ausgefransten Saum ihres Kleids über die knochigen Knie gezogen. In ihrer Haltung lag etwas, das ihn angerührt hatte: eine matte Resignation.

Margaret hatte für den einen oder anderen wohltätigen Anlass Altkleider gesammelt. Die Kisten standen in der Garage, und er dachte, dass sich darin vielleicht etwas Anständiges für das Kind finden ließe.

„Warum lässt du sie da drüben auf der Straße sitzen, ruf sie her", sagte Andrew eines Nachmittags. Er war zeitiger als sonst nach Hause gekommen, um Margaret und Justine zu überraschen – nur um festzustellen, dass sie in die Stadt gefahren waren.

„Schon in Ordnung, sie ist ans Warten gewöhnt".

„Ich habe ein paar alte Sachen in der Garage."

„Für sie?"

Andrew nickte. „Warum sieht sie so traurig aus, Bamji?"

„Sie sieht immer so aus", meinte Bamji achselzuckend. Er folgte Andrew in die Garage. „Meine Frau will sie nicht haben."

„Was meinst du damit, dass deine Frau sie nicht haben will?"

„Sie ist nicht die Tochter meiner Frau. Ich, ach ... ich hatte eine kleine ..." Er machte eine wegwerfende Geste, als wollte er sagen, dass das, was immer auch geschehen war, zu Ende war und keine Rolle mehr spielte. „Ihre Mutter war eine Zulu. Sie hat für mich gearbeitet." Sein Blick wanderte zu dem Kind zurück, das inzwischen am Tor stand. „Ihre Mutter starb drei Monate nach der Geburt. Niemand wollte das Kind haben. Nur ein weiterer Mund zu füttern. Ich brachte sie zu meiner Mutter. Doch dann wurde meine Mutter schwer krank. Ich musste sie und auch das Kind zu mir nehmen. Meine Frau mag das Kind nicht. Hat sie nie."

„Sie ist doch immer noch ein Kind", warf Andrew mahnend ein und öffnete eine Kiste.

„Ja", nickte Bamji, „aber meine Frau ist da anderer Meinung. Sie will sie nicht. So oft schon hat sie sie weggejagt." Er schüttelte den Kopf.

„Wie heißt sie?"

„Lalitha."

„Ruf sie herein, Bamji."

Bamji rief nach dem Kind. Zögernd kam das Mädchen näher, kaute auf dem ausgefransten Kragen ihres Kleids, die nackten Füße nach auswärts auf den Beton der Einfahrt gesetzt. Ihre grauen, melancholischen Augen waren wie Stahlspitzen auf die beiden Männer gerichtet.

„Los, komm schon, Kind“, zischte Bamji sie ungeduldig an.

„Wie alt bist du?“, fragte Andrew das Mädchen.

„Zehn oder zwölf vielleicht“, antwortete Bamji, „Ich bin mir nicht sicher.“

„Sag die Wahrheit, Bamji. Sie sieht viel jünger aus.“

„Nein, ich schwör's Ihnen, sie ist ungefähr so alt. Irgendwann verheirate ich sie hoffentlich, aber keiner will sie haben. Sehen Sie sich das Mädchen an, sehen Sie nur das Haar.“

Am Gesicht des Kindes war nichts Besonderes. Es war wie eines der Straßenkinder, die Andrew am Markt oder bei den Docks betteln gesehen hatte. Das Haar des Mädchens war dick und grob, und als er sie ansah, streckte sie selbstbewusst eine Hand aus, um den wuchernden Wildwuchs zu bändigen. Mehr als alles andere aber erweckten die Augen seine Aufmerksamkeit. Obwohl sie groß waren und eine herzerweichende Traurigkeit in ihnen stand, hatten sie die Farbe von Granit. Pupillen, beinahe zur Größe der Iris erweitert, starrten ihn an. Unter seinen prüfenden Augen senkte sie den Blick.

„Sie sieht dir ähnlich. Wirklich, Bamji, es ist ganz deutlich, dass du der Vater bist, abgesehen von den Augen ... so eine seltsame Farbe.“

„Meine Frau meint, es sind Hexenaugen. Sie hat Angst vor dem Kind.“ Beschämt sah er zur Seite und fügte dann, nach einer ungemütlichen Pause, hinzu: „Eine Mitgift erhält sie nicht.“

Andrew schaute auf ihren dünnen, rechteckigen Körper, von Vernachlässigung ausgezehrt.

„Ich kann sie nicht mit meiner Frau allein lassen, weil ich Angst habe, dass sie sie schlägt. Was soll ich bloß tun, was soll ich bloß tun?" Verzweifelt warf Bamji die Arme in die Luft. „Sie ist so gescheit, Mr. Davis, das kann ich Ihnen sagen. Sie ist das gescheiteste meiner Kinder. Sie macht sich in der Schule gut, sehr gut. Es ist so traurig ... so traurig."

Das Mädchen schaute angespannt zu. Ihr Blick war der eines in die Falle gegangenen Tiers und schoss zwischen den beiden Männern hin und her.

„Hast du mit jemandem über die Angelegenheit gesprochen?"

„Mit wem denn? Bei wem soll ich mir denn Rat holen? Keiner will sie. Jeder hat ein Problem mit ihr."

„Möchtest du eine Limonade?", fragte Andrew das Kind.

Das Mädchen trat mit kleinen, zögernden Schritten vor. Andrew dachte an Justine und daran, wie glücklich seine eigene Tochter war, dass sie ein warmes und sicheres Zuhause hatte.

„Sie ist eine große Hilfe, sie kann gut zupacken. Wollen Sie sie?", sagte der Händler mit demselben überredenden Wimmern in der Stimme, mit dem er seine Waren anpries. Als er merkte, dass Andrew zögerte, fuhr er mit allem Nachdruck fort. „Kann das Haus machen und kochen."

„Ich habe schon eine Haushälterin", erwiderte Andrew scharf. „Willst du denn das Kind nicht, Bamji?"

„Es geht doch nicht um mich, es liegt an der Frau", sagte Bamji und senkte den Blick, denn Andrew hörte nicht auf, ihn unverwandt anzustarren. „Heute Nacht muss sie auf der Straße schlafen."

Andrew dachte an Margaret. Und den Widerstand, den er von ihr zu erwarten hatte.

„Ich kann dir nicht helfen, Bamji."

Bamji zuckte die Achseln, stieß die Hände tief in die Taschen und studierte seine staubigen Schuhspitzen.

Der Blick des Kindes blieb starr auf Andrew geheftet. Dieser Blick voller Vertrauen und die Erwartung in ihren Augen ließen ihn weich werden. „Ich nehme sie dir ein paar Tage ab, bis du etwas gefunden hast, wo sie bleiben kann. Vier Tage, Bamji, und keinen länger."

„Danke, Mr. Davis", sagte Bamji beflissen.

„Woher weiß ich, dass das nicht wieder einer von deinen Tricks ist?"

„Keine Tricks. Keine Tricks. Ich gebe Ihnen mein Wort. Und mein Wort ist Gold wert."

Andrew lachte. „Ich trau dir nicht, Bamji. Aber für den Augenblick muss ich wohl auf dein Wort vertrauen."

„Ich hab kein Geld, Sie zu bezahlen." Bamjis Blick kehrte zu seinen Schuhspitzen zurück. „Ich bringe ihr was zum Anziehen ... was gerade da ist."

„Bemüh dich nicht. In den Kisten hier ist jede Menge Kleidung. Aber als Erstes braucht sie ein Bad."

„Danke, Mr. Davis", sagte Bamji. Er sprach in Gujarati hastig auf das Mädchen ein, wedelte dabei ein paar Mal drohend mit dem Zeigefinger. Dann ging er.

Margaret, die – mit Worten – eine glühende Verfechterin des Liberalismus war, war nicht leicht zu überreden. Getragene Kleidung zu Wohltätigkeitszwecken zu sammeln, war eine Sache, persönlich verwickelt zu werden, eine völlig andere. Wirklich mit dem Elend in Berührung zu kommen. Er überlegte, dass Margaret ihr vielleicht erlauben würde, ein paar Tage zu bleiben, wenn Elsie, ihr Hausmädchen, das Kind ein wenig vorzeigbarer herrichtete.

Die Aufgabe, das Kind herauszuputzen, fiel an Elsie, die sofort ihr Widerstreben zum Ausdruck brachte. Nach anhaltender Überzeugungsarbeit gab das Hausmädchen schließlich nach, sträubte sich aber gegen die Behandlung von Lalithas lausbefallenem Haar. Zu guter Letzt schor sie die Haare ab und verbrannte sie.

Als Margaret und Justine nach Hause kamen, setzte Andrew zu seinen Erklärungen an, wobei er aber immer wieder von Elsies Klagen über die Haare des Mädchens unterbrochen wurde. Je länger Margaret ihren Geschichten zuhörte, desto mehr verhärtete sich ihr Gesichtsausdruck. Er konnte die Missbilligung an ihren Augen ablesen. Als er seinen Bericht beendet hatte, stand Margaret auf und schritt zur Hintertür hinaus zu den Unterkünften der Hausangestellten, wo Lalitha sich aufhielt. Mit dem kahl geschorenen Kopf sah das Mädchen aus wie die Insassin eines Konzentrationslagers und noch verwahrloster als vorher. Mit gesenktem Kopf stand sie neben Elsies Bett, ganz offensichtlich schämte sie sich für ihr Aussehen.

Margarets Augen waren ausdruckslos, ihr Mund war eine dünne Linie der Verärgerung. „Andrew, wie konntest du das nur tun, ohne dich mit mir abzustimmen?“, verlangte sie zu wissen.

„Ich dachte nicht, dass du etwas dagegen hättest.“

„Was, um alles in der Welt, sollen wir mit ihr anfangen?“

Darüber hatte er sich noch keine Gedanken gemacht, vielmehr darauf gehofft, dass sich von selbst eine Lösung anbieten würde.

„Bist du von Sinnen, Andrew? Sie kann nicht bei uns bleiben. Wie sollen wir den Leuten erklären, warum das Mädchen bei uns wohnt?“

„Aber sie bleibt doch nicht bei uns ...“

„Ich weiß gar nicht, was in dich gefahren ist. Du hast ein eigenes Kind, und nicht mal um das kümmerst du dich“, sagte sie wütend.

Justine, damals ungefähr sechs Jahre alt, war in Elsies

Zimmer geschlüpft und starrte Lalitha an. Schließlich stahl sie sich näher heran und legte ihre Hand in die des anderen Mädchens. Der Körperkontakt schien Lalitha aufzurütteln. Sie schaute kurz hoch, aus Unsicherheit wurde Trotz.

„Sie ist doch noch ein Kind", sagte Andrew.

„Hast du den Verstand verloren? Sieh sie dir an!"

Andrew konnte kaum etwas tun, um seine Frau von ihrer Meinung abzubringen. Lalitha blieb eine Woche. Margaret war sichtlich erleichtert, als das Mädchen schließlich weglief.

Niemand wusste, wohin sie verschwunden war. Es gab keinerlei Hinweise. Eine Vermisstenanzeige bei einem sichtlich uninteressierten Polizeiwachtmeister ergab nichts. Andrew war klar, dass die Polizei größere Anstrengungen unternommen hätte, sie zu finden, wenn Lalitha eine Weiße gewesen wäre.

Petrus berührte Andrew am Ellbogen. Der zuckte zusammen und stellte zu seinem Schrecken fest, dass er ganz in Gedanken verloren dagestanden hatte. Er trat zur Seite, und Petrus sammelte die rosa- und burgunderfarbenen Girlanden ein, die Andrew aus den Ranken der Bougainvillea geschnitten hatte.

Andrew dachte an Justine und Lalitha, wie sie einander an jenem Abend an den Händen gehalten hatten. Die Ironie lag darin, dass er beide Mädchen verloren hatte. Die eine war für immer verschwunden, die andere ihm entfremdet. Justine war mittlerweile erwachsen, hatte geheiratet und eine eigene Familie, mit der sie in Australien lebte.

Vor kurzem hatte er ein paar Mal versucht, Kontakt zu ihr aufzunehmen, doch stellte sich deutlich heraus, dass es ihrer Mutter gelungen war, sie gegen ihn einzunehmen. Er wünschte sich, er könnte etwas tun, um all die vergeudete Zeit wieder gutzumachen.

In beiden Fällen hatte er zu schnell aufgegeben. Es tat ihm Leid, dass er die Polizei nicht stärker gedrängt hatte, Lalitha zu finden. Als er von Bamji nichts mehr hörte, hatte er angenommen, dass sie zu ihm zurückgekehrt war.

Die ganze Woche über wanderten Andrews Gedanken immer wieder in die Vergangenheit zurück. Und am Wochenende wurde ihm bewusst, dass Justine am folgenden Sonnabend Geburtstag hatte. 22 würde sie dann. Er verspürte eine unsägliche Sehnsucht nach ihr.

Er nahm den Hörer ab und wählte ihre Nummer. Keine Antwort. Die Nummer war ihm schon seit mehreren Jahren bekannt, er hatte aber nie angerufen, weil er sich davor fürchtete, abgewiesen zu werden.

Er dachte darüber nach, was es bedeutete, Großvater zu sein, und darüber, was er verpasste, weil er nicht bei seinen Enkelkindern war, während sie heranwuchsen. Der Gedanke stimmte ihn traurig. Nachmittags suchte er, sobald er nach Hause gekommen war, bei der Gartenarbeit Vergessen.

Das eine oder andere Mal wich er von dieser Regel ab und widmete sich gesellschaftlichen Verpflichtungen: einer Dinnerparty oder dem Besuch des Theaters. Die meiste Zeit aber blieb er zu Hause, hörte Musik oder las.

Am Sonnabend, dem Geburtstag von Justine, unternahm Andrew mehrere Versuche, anzurufen. Doch noch immer nahm niemand den Hörer ab. Er beschäftigte sich im Garten, in der Hoffnung, so die Wolke der Niedergeschlagenheit zu vertreiben, die sich auf ihn gelegt hatte.

Nachdem er den Rasen gemäht hatte, bat er Petrus, auf das Garagendach zu klettern und das Spalier für den Blauregen zu befestigen.

Er ging ins Haus und versuchte erneut, in Australien anzurufen. Wieder keine Antwort. Sollte er vielleicht Margaret anrufen, um herauszufinden, wo Justine sich aufhielt? Er wählte die ersten Zahlen der Telefonnummer seiner Exfrau, überlegte es sich dann aber anders und legte den Hörer wieder auf.

Petrus verlor den Halt auf dem Dach.

Andrew hörte den Schrei und den Krach. Er rannte hinaus zu Petrus, der sich stöhnend auf dem Betonboden der Einfahrt wand. Sein linkes Schienbein war wie ein Zweig gebrochen und stach grotesk aus dem Fleisch heraus. Blut spritzte aus der Wunde. Andrew bandagierte das Bein und sorgte dafür, dass Petrus bequem lag, bevor er den Notarzt rief.

„Gut, dass Sie die Wunde abgebunden haben", meinte der Sanitäter. Er zog Petrus' Lider hoch. „Die arme Sau steht unter Schock. Bringen wir ihn ins General." Er gab dem Gärtner eine schmerzlindernde Spritze.

Am nächsten Tag packte Andrew ein Päckchen mit Obst und Süßigkeiten und fuhr zum Krankenhaus, um Petrus zu besuchen. Er hatte das Gefühl, Schuld an dem Unfall zu sein.

Am Tresen fragte ihn ein indisches Mädchen, das eine kanariengelbe Bluse trug, nach dem Namen des Patienten.

„Dlamini", antwortete Andrew.

Sie zog eine Augenbraue hoch und seufzte vor gespielt übertriebener Wut. „Wir haben ungefähr 50 Patienten, die so heißen", erklärte sie. „Wie lautet sein Vorname?"

Andrew starrte sie entgeistert an. Es kränkte ihn, dass ihm in diesem Augenblick der Vorname des Gärtners nicht einfallen wollte.

„Tut mir Leid", sagte sie mit höhnischem Lächeln und

kehrte ihm den Rücken zu, um sich weiter mit ihrer Freundin zu unterhalten.

Andrew spürte, wie sich eine Klammer um seine Brust legte. Er atmete tief durch.

„Miss Moonsammy (ihr Name stand auf einem kleinen Schild an ihrer Brust), Sie helfen mir jetzt, ihn zu finden, oder ich veranstalte hier einen Aufstand, wie Sie ihn noch nicht erlebt haben."

Aufgeschreckt drehte sie sich schleunigst zu ihm um.

„Der Sanitäter sagte mir, sie brächten ihn hierher."

Sie starrte ihn wütend an.

„Das ist doch das General Hospital, oder?"

Ihre Kolleginnen, die eine Szene kommen sahen, rückten langsam näher.

Sie sagte, mit zusammengepressten Lippen: „Wissen Sie, was er hat?"

„Ein gebrochenes Bein."

„Chirurgische Männerstation. Vierter Stock rechts."

„Danke."

Statt des Fahrstuhls nahm er die Treppe. Der scharfe Geruch nach Urin und Desinfektionsmitteln verschlug ihm den Atem. Im vierten Stock wandte er sich nach rechts und fand sich in einem Tollhaus wieder. Auf einmal fiel ihm der Vorname des Gärtners wieder ein. Er klammerte sich an ihn, als hinge sein Leben davon ab, während er über Mütter hinwegstieg, die mit ihren Kindern auf dem Fußboden hockten. Manche hatten ihre Babys an die Brust gelegt, andere kümmerten sich um die Kinder mit einer Resignation, die leer in ihren Augen stand. Das nie verebbende, dröhnende Kindergeschrei tat ein Übriges in dem ganzen Chaos.

„Entschuldigung", rief jemand hinter ihm. Er presste sich gegen eine Wand, und ein großer Servierwagen rollte vorbei. Er traf auf eine Station und schritt auf die Frau zu, die am Eingang hinter einem Schreibtisch saß.

„Wo ist die chirurgische Männerstation?“, fragte er.

Ohne aufzusehen, wies sie ihm die Richtung. Eine junge Schwester schaute neugierig auf, als er sich der Station näherte.

„Guten Tag. Ich suche Petrus Dlamini. Er hat sich das Bein gebrochen.“

„Warten Sie ...“

„Wo ist Schwester Khumalo, Alice?“

Die Stimme erklang in seinem Rücken und richtete sich an die Schwester vor ihm. Ihr autoritärer Ton veranlasste Andrew, sich umzudrehen. Die Frau trug eine weiße Uniform mit kastanienbraunen Schulterstücken. Für einen Augenblick trafen sich ihre Augen. Die ihren waren wie aus Stahl. Eine Bilderfolge schoss durch sein Gehirn. Jahre der Erfahrung und Selbstsicherheit verloren sich in einem zögernden, fragenden Wort: „Lalitha?“

Als sie ihn ansah, stand in ihren Augen keinerlei Erkennen geschrieben.

„Erkennen Sie mich nicht?“

Er konnte sehen, wie angestrengt sie versuchte, ihn einzuordnen. Dann entdeckte er ein Flackern in ihren stählernen Augen.

„Natürlich.“ Die Worte kamen ohne jede Wärme aus ihrem Mund. „Mr. Davis.“ Fast war es, als ärgerte sie sich über die Belästigung aus vergangenen Zeiten.

Er bewunderte die Veränderung. Sie war selbstsicher – so ganz anders als das kleine Mädchen, das immer auf dem Sprung gewesen war zu fliehen. Jetzt war sie erwachsen, eine Autorität in ihrer weißen Uniform – und im Augenblick leicht irritiert.

Er lächelte, weil er nichts sagen konnte.

„Sie wollen einen Patienten besuchen?"

Er nickte.

„Und Sie finden ihn hier nicht?"

Die Schwester schaute wieder in ihre Liste und schüttelte den Kopf. „Nein, Schwester."

„Vielleicht ist er auf der anderen Seite. Ich bringe Sie hin."

„Was für ein unfassbarer Zufall", sagte Andrew, während er neben ihr herging.

Sie blickte ihn kurz an, die Augenbrauen hochgezogen.

„Erst letzte Woche habe ich Ihren Vater getroffen. Er verkauft immer noch Obst und Gemüse."

Sie ignorierte seine Bemerkung und schritt energisch voran. Lächelnd nickte sie Patienten zu.

„Er hat jetzt einen Lieferwagen."

Noch immer keine Antwort.

„Er glaubt, Sie wären tot."

„Sie müssen mich entschuldigen, ich habe es ein wenig eilig. Ich möchte auch nicht über meinen Vater reden und würde es begrüßen, wenn Sie ihm nichts von mir erzählen würden."

„Selbstverständlich. Ich freue mich, dass es Ihnen gut geht."

„Danke." Sie lächelte abwesend. „Der Patient sollte in diesem Saal sein", sagte sie, als sie in der Tür stand. „Ich muss jetzt gehen. Auf Wiedersehen, Mr. Davis."

„Ich habe so oft an Sie gedacht und mich gefragt, was aus Ihnen geworden ist." Sie wollte gehen, und in einer unwillkürlichen Bewegung streckte er den Arm aus, um sie zurückzuhalten.

Erschreckt entzog sie sich seiner Berührung.

„Entschuldigung", sagte er mit schiefem Lächeln. „Ich

möchte mit Ihnen reden." Er streckte flehend die Hände aus. „Bitte essen Sie mit mir zu Mittag."

Sie schüttelte den Kopf. „Schauen Sie sich doch mal um, schauen Sie sich das Chaos hier an."

„Wann hätten Sie denn Zeit?"

„Ich weiß es nicht."

„Ich muss mit Ihnen reden ..."

„Mr. Davis, bitte ..." Sie wies auf den Krankensaal, einen langen, schmalen Raum, ungefähr 20 Betten standen auf jeder Seite des Mittelgangs. „Ich muss wirklich gehen. Ich habe viel zu tun, das sehen Sie doch."

„Lalitha, Sie können mir nicht die Schuld an dem geben, was Ihr Vater getan hat."

Sie ging bereits davon, doch seine Bemerkung hielt sie auf. Die kalte Gleichgültigkeit war einer gewissen Unsicherheit gewichen. „Warum sollte ich Ihnen die Schuld geben?", fragte sie.

„Ich weiß es nicht. Wollen wir uns nicht wenigstens vernünftig unterhalten?"

„Freitag. Wir treffen uns um zwölf zum Mittagessen. Im White Rock. Das ist auf der Esplanade." Sie ging eilig davon, bahnte sich geübt ihren Weg durch den überfüllten Korridor.

Die Ereignisse der letzten Woche hatten ihn unvorbereitet getroffen. Es war, als hätte die Zufallsbegegnung mit Lalitha seine Vergangenheit in die Mitte seines Lebens katapultiert. Er verspürte den starken Drang, mit Justine zu reden. Wieder wählte er ihre Nummer, und erneut meldete sich niemand. Schließlich rief er Margaret an. Sie verhielt sich sehr höflich und distanziert. Nach dem Austausch der Formalitäten erkundigte er sich nach seiner Tochter.

„Sie ist in Südafrika", antwortete Margaret.

„Aber von da ruf ich doch an", sagte er überrascht.

„Bist du also zurückgegangen. Beabsichtigst du zu bleiben?"

„Eine Weile." Es entstand eine schreckliche Pause. „Wo finde ich Justine?"

„Bist du dir sicher, dass du sie sehen willst?"

„Hältst du das nicht für eine ziemlich seltsame Frage?"

Wieder herrschte einen Augenblick Schweigen. „Ich schick dir ein Fax mit ihrer Reiseroute." Es folgten ein paar weitere Höflichkeitsfloskeln auf beiden Seiten, dann war das Gespräch zu Ende.

Es war offensichtlich, dass Margaret noch immer einen ziemlichen Groll gegen ihn hegte. Die Aussicht, Justine zu sehen, begeisterte ihn, doch gleichzeitig fürchtete er sich vor dem Treffen. Es würde schwierig werden, all die fehlenden Jahre zu überbrücken.

Als Margaret und er sich getrennt hatten, hatte er auf alle Rechte als Vater verzichtet, um es ihr so leicht wie möglich zu machen, sich in ihrem neuen Leben zurechtzufinden. Sie war damals noch ein Kind, und er wusste, dass sie das Gefühl gehabt hatte, er lehne sie ab. Er hatte ihr geschrieben und sie angerufen, aber Margaret hatte die Briefe und Anrufe immer abgefangen, offensichtlich, um Justine zu schützen. Schließlich, als ihm klar wurde, dass es unmöglich war, an seiner Frau vorbei zu Justine vorzudringen, hatte er aufgegeben.

Er wusste nichts über Justines Leben. Justine, seine reizende Tochter, war ihm eine Fremde geworden. Mit einem Mal wollte er das wieder gutmachen. Wenn nur ... und dann tat er das Gefühl der Verzagtheit, das angesichts der verschwendeten Jahre in ihm aufkommen wollte, mit einem Achselzucken ab. Er hoffte, dass Margaret ihr Versprechen, ihm ein Fax mit Justines Reiseroute zu schicken, nicht bräche. Es sähe ihr ähnlich.

Die Begegnung mit Lalitha war wie ein Stein, den jemand in den Teich seines Unterbewusstseins geworfen hatte, und nun dehnten sich die Wellen in konzentrischen Kreisen aus. Er versuchte, die Vergangenheit abzuschütteln. Er musste sich mit der Gegenwart beschäftigen. Er dachte an Justine, und wieder fing sein Herz an zu rasen.

„Um Himmels Willen, Mann, reiß dich zusammen!" Seine Hand strich ein paar Strähnen grauen Haars zurück. Es war, als hätte die Begegnung mit Lalitha auf geheimnisvolle Weise die Leere zwischen Vergangenheit und Gegenwart überbrückt.

Er kam frühzeitig in das Restaurant und fand einen Tisch auf dem Patio, im Schatten eines riesigen blauen Sonnenschirms.

Andrew wartete. Nicht die Spur von Lalitha. Die Zeit ihrer Verabredung war schon lange verstrichen, aber er wartete weiter, vergab ihr die Verspätung. Er hatte gesehen, wie beschäftigt sie war. Er wartete über eine Stunde auf sie und spürte, nach mehreren Gläsern Mineralwasser, die Neugier der Kellner. Schließlich dämmerte ihm, dass sie nicht kommen würde, und er bestellte sein Mittagessen.

Seine Fragen zu Lalitha würden nicht beantwortet werden. Sie würde ein Geheimnis bleiben.

Am Nachmittag ging er in sein Büro zurück. Auf dem Tisch lag Margarets Fax. Mit einem Gefühl von Panik nahm er zur Kenntnis, dass Justine gerade in Durban war und sich fast eine Woche lang in eben der Stadt aufhalten würde, in der er lebte. Es war schier unglaublich. Sie musste mit ihrem Ehemann zu Besuch sein. Ob sie die Kinder mitgebracht hatte? Was tat sie hier? Er warf einen Blick auf das Blatt Papier und entdeckte, dass sie im selben Hotel abgestiegen war wie er, damals bei seiner Rückkehr.

Lange Zeit spürte Andrew das unkontrollierte Klopfen seines Herzens. Seine Hände waren schweißnass, als er nach dem Telefonhörer langte. Er wählte die Nummer und bat um die Zimmernummer.

Das Telefon klingelte. Er wartete. Wenn er aus seinem Fenster schaute, fiel sein Blick auf das Meer und zwei Schiffe, die in der Bucht vor Anker lagen. Das Telefon hörte auf zu klingeln. Einen kurzen Augenblick schien es, als wäre die Verbindung unterbrochen – dann sagte eine Frauenstimme am anderen Ende der Leitung: „Hallo."

K. Sello Duiker

Der Riese

Taneba war als Dorf freundlicher Menschen mit schlichten Bräuchen und Gewohnheiten bekannt. Hier trugen die jungfräulichen Mädchen noch rituelle Perlenketten um den Hals, und die Alten wachten über das Gesetz und gaben die Traditionen weiter. Das Dorf war einzigartig, weil seine Bräuche und Gewohnheiten sich von denen der umliegenden Dörfer unterschieden. Unzählige Mysterien und Geheimnisse umsponnen die Traditionen, vor allem die Initiationsschulen, die einen wesentlichen Bestandteil des Dorflebens ausmachten.

Im Osten des Dorfs erhob sich ein Berg, den man nur als den Schlafenden Riesen kannte. Es war ein geheimnisvoller Berg, über den die Alten seltsame Geschichten zu erzählen wussten. Mitunter verschwand ein Junge, der am Fuße des Berges seine Schafe hütete, und wurde niemals wieder gesehen.

Als Menka am Morgen seines 15. Geburtstages erwachte, war er ganz aufgeregt. Fünfzehn. Was diesen Geburtstag zu etwas Besonderem machte, war seine Vermutung, dass nun das Jahr seiner Initiation anbrach. Das war ein großes, schwer lastendes Wort – Initiation. Er wusste nicht genau, was es bedeutete. Die Tradition untersagte es, mit Uneingeweihten darüber zu sprechen. Es hieß, dass jedem Mann, der darüber redete, für immer ein Fluch anhängen würde.

Menka hatte das ganz zufällig erfahren, weil die Erwachsenen eines Abends davon geredet hatten. Er hatte sie gar nicht belauschen wollen; es war einfach so passiert. Er war nachts aufgewacht, weil er mal musste. Und auf dem Weg nach draußen hatte er mitbekommen, wie Onkel Mati sich mit seinem Vater und Onkel Nima unterhielt. Und dieses besondere Wort, sie hatten es ausgesprochen! Er konnte nicht hören, ob sie im selben Atemzug auch seinen Namen genannt hatten, doch setzte danach eine ernste Stille ein, als müssten auch die Erwachsenen die Bedeutungsschwere des Wortes auf sich wirken lassen. Es war Onkel Mati gewesen, der es ausgesprochen hatte.

Am nächsten Morgen versuchte Menka Hapi, seinen älteren Cousin, über das Wort auszufragen. Warum war Onkel Mati so ernst, nachdem er es erwähnt hatte? Ja, warum machte der gesellige und lustige Onkel Mati, der immer eine gute Geschichte auf Lager hatte, so viel Aufhebens um dieses Wort?

„Weil das eine große Sache ist“, antwortete Cousin Hapi und zog eine Grimasse, die Menka nur noch mehr verwirrte.

„Aber diese große Sache – worin besteht die?“, bohrte er weiter.

„Nun, zunächst ist das eine Sache, der sich jeder Mann unterziehen muss“, erklärte Hapi mit einem merkwürdigen Lächeln.

Als Menka nun an jenem Sommermorgen aufwachte, wusch er sich wie immer am Waschtrog das Gesicht und gab sich Mühe, nicht zu zeigen, wie gespannt er auf das war, was sich ereignen sollte. Niemand hatte je von dieser „Sache“ gesprochen. Das war tabu. Und Cousin Hapi hatte ein seltsames, geheimnisvolles Grinsen auf dem Gesicht gehabt, als er sie erwähnt hatte.

Menka zog sich an, so schnell er nur konnte, und rannte in die Küche. Dort war niemand. Er ging um das Haus herum und hielt nach seiner Mutter Ausschau, nach seinem Vater und seinen zwei jüngeren Schwestern. Seltsam. Sie waren nirgends zu finden. Vielleicht war auf dem Marktplatz gerade etwas los. Oder sie waren früh zum Gebet gegangen. Menka ließ seinen Blick die einsame, staubige Straße hinunter schweifen, die in das Nachbardorf führte. Keine Menschenseele war zu erblicken. Er ging wieder hinein und machte sich etwas zu essen: Brot mit Honig und dazu Ziegenmilch. Er aß mit gesundem Appetit, wunderte sich dabei aber doch über seine Familie. Er hatte Geburtstag. Den konnten sie doch nicht vergessen haben, sagte er sich. Beunruhigung trat an die Stelle der ursprünglichen Erwartung.

Nachdem er gegessen hatte, legte Menka seinen Ritualgürtel um. Er musste ihn tragen, weil sein Vater zu den Dorfältesten gehörte. Dann machte er sich auf den Weg. In Richtung des Bergs. Zumindest Cousin Hapi würde er dort mit Sicherheit finden.

Träge weideten die Schafe im grünen Tal. Hapi aber war nicht zu entdecken. Menka rief seinen Cousin bei seinem Spitznamen, mit dem nur er ihn anredete, wenn sie zusammen über die Hügel streiften. „Majunka! Majunka!“, schrie er. Hapi hatte den Spitznamen – er bedeutete „Der, der stinkt“ – erhalten, weil er auf dem Weg zum Markt einmal in einen Kuhfladen gefallen war. Und als der Dorfbäcker sich wegen des aufdringlichen Geruchs weigerte, ihn zu bedienen, hatte ihn das noch mehr aufgebracht. „Majunka! Majunka!“, hatte der Bäcker gerufen, sehr zu Menkas Vergnügen und Hapis Verärgerung.

Wo aber steckte Majunka jetzt? Die Stille der Hügel wurde nur vom bohrenden Blöken der Lämmer durchbrochen. Menka ging zu einer kleinen Höhle am Fuße des Tals, in der sie sich manchmal ausruhten. Das Erste, was ihm auffiel, als er sich der Höhle näherte, war ein Stein, der mit irgendetwas Rotem bedeckt war. Menka berührte das Rote und roch daran. Es war Blut. Aber wessen Blut? Er fing an, sich um Majunka Sorgen zu machen. Vorsichtig näherte er sich der Höhle, wog sorgfältig jeden Schritt ab. Obwohl es ziemlich düster darin war, fiel das Licht so, dass er bis zur hinteren Wand der Höhle sehen konnte.

Und dann wurde Menka plötzlich von Dunkelheit umfangen, ohne Vorwarnung. Er trat fehl und fiel hin. Er war in ein großes Tuch gehüllt, und unbekannte Hände hielten ihn grob gepackt. Er versuchte, sich zu wehren, doch seine Anstrengungen blieben erfolglos. Starke Hände zwangen ihn nieder und wanden eine Art Seil um ihn und das Tuch. Dann spürte er, wie er mühelos vom Boden hochgehoben und über eine breite Schulter geworfen wurde.

„Wer seid ihr? Wohin bringt ihr mich? Majunka, bist du das?“, protestierte er hilflos.

Keine Antwort. Nicht einmal die Sonne konnte er noch auf der Haut spüren, obwohl er die Wärme der Luft empfand.

Das musste der Riese sein, wurde Menka klar. Der Riese hat mich gefangen genommen, dachte er, und ihm fielen all die seltsamen Geschichten wieder ein, die er über den Schlafenden Riesen vernommen hatte. Er spürte, dass sie schnell ausschritten. Wahrscheinlich machte der Riese große Schritte. Menka musste an seine Familie denken, und Traurigkeit übermannte ihn. Er hatte Angst. Was wurde aus seinem besonderen Tag? Er dachte an das, was er über die „Sache, die jeder Mann durchstehen muss" gehört hatte, und eine seltsame Furcht, wie er sie noch nie verspürt hatte, ergriff plötzlich von ihm Besitz.

Sie waren sehr lange unterwegs, und schließlich schlief Menka sogar ein, erschöpft von der scheinbar endlosen Wanderung. Als er erwachte, war die Nacht angebrochen, und es war kalt. Er fand sich irgendwo auf einem Fleckchen Erde wieder. Nicht eine Menschenseele war in der Nähe. Er hatte keine Ahnung, wo er sich befand. Und auch der geheimnisvolle Riese war nirgends zu sehen. Im Dunkeln nahmen die Felsen seltsame Formen an. Noch nie in seinem Leben hatte er so etwas gesehen. Er wollte Feuer machen, wusste aber nicht, wo er Holz suchen sollte. Und was sollte er essen? Wie ein Sack legte sich die Kälte über seine Haut. Sie ließ ihn frösteln, und er sehnte sich nach der Wärme seines Bettes und nach dem Essen, das seine Mutter ihm kochte.

Er wagte sich ein Stückchen weiter vor und fing an, die Felsen hochzuklettern, bis er den Gipfel erreicht hatte. Über ihm wachten die schweigenden Sterne, und die Sichel des Mondes beobachtete das Gelände. Er vermochte die Landschaft nicht einzuordnen, die felsigen Hügel und die Dornenbüsche. Neben ihm huschte etwas vorbei. Seine Fantasie spielte ihm in der Finsternis Streiche. War das eine Schlange, eine flinke Viper? Er entschloss sich, wieder hinunterzuklettern, dorthin, wo ihm die Felsen einen natürlichen Schutz vor dem sachten Wind boten.

Er schloss die Augen und versuchte zu schlafen, wehrte sich gegen einen kleinen Klumpen in der Kehle, der sich in Tränen aufzulösen drohte. Während er schlief, plagten ihn Albträume, und er betete, dass die Sonne bald alles wieder in Licht und Vernunft tauchen würde. Die Nacht beherbergte zu viele Geheimnisse und Ängste.

Langsam kroch der Morgen herauf. Menka fühlte sich steif nach der fast durchwachten Nacht. Er war durstig und verwirrt. Wieder kletterte er die Felsen empor und schaute sich von oben aus um. Im Licht sah alles viel freundlicher aus, aber noch immer kam ihm nichts bekannt vor. Kein einziges Dorf war zu sehen. Er stieg wieder hinunter und entschied sich, nach Wasser zu suchen. Er drang in ein enges Tal.

An einer Felswand tröpfelte Wasser herunter wie Blut, das aus einer Wunde sickert. Er saugte das Wasser vom Fels. Es schmeckte nach Erde. Er fühlte sich schmutzig, achtete aber nicht darauf. Sein Magen klagte bitterlich. Er saugte erneut Wasser vom Felsen, um seinen Hunger ein wenig zu stillen, bevor er durch das Tal zurücklief.

Dann kam ihm der Gedanke, dass er vielleicht, wenn er Richtung Sonnenuntergang marschierte, herausfinden würde, wo er sich befand. Von hohem Gras umgeben, lief er immer weiter. Stundenlang, wie ihm schien. Etwas später machte das hohe Gras einem felsigen Boden Platz, auf dem kaum noch Gras wuchs. Das Land war platt. Riesige Termitenhügel ragten in den seltsamsten Formen neben ihm empor. Abgesehen von Kaninchen und Djedjes, kleinen Pelztieren, entdeckte er keinerlei Tiere.

Er hatte wieder Durst, konnte aber nirgends Wasser finden. Nach einer Weile gab er auf. Wenn er dahin zurückkehrte, wo der Riese ihn abgesetzt hatte, hätte er wenigstens Wasser. Geschwächt und mit zugeschnürter Kehle machte er sich auf den Rückweg. Es dämmerte schon, als er wieder bei den Felsen anlangte. Wieder stieg er in das enge Tal hinab, um zu trinken. Er hatte den ganzen Tag nichts gegessen, und der Hunger nagte in ihm.

Erneut verbrachte er eine schreckliche Nacht. Er träumte, dass eine schlecht gelaunte Ziege hinter ihm her war, die unaufhörlich an seiner Tunika knabberte. Schließlich aber wachte er auf. Er hatte einen Plan. Ich muss etwas essen, dachte er. Am Felsen feuchtete er seine Füße an und trank, bis sein Durst gestillt war. Ein Busch mit wilden, leuchtend roten Beeren wuchs in der Nähe. Nach der langen Zeit, die Menka zusammen mit Majunka in der Wildnis zugebracht hatte, wusste er, dass leuchtende Farben nicht immer bedeuteten, dass die Nahrung auch essbar war. Er streifte umher und suchte nach Beeren in fahleren Farben. Er stieß auf einen Strauch voller purpurroter Beeren, die er kannte: Pehati-Beeren. Er pflückte, so viel er nur konnte, und kehrte zu der Stelle zurück, an der er geschlafen hatte. Die Beeren türmte er neben sich auf dem Boden zu einem ansehnlichen Häufchen.

Wie komme ich jetzt an Fleisch?, überlegte er. Wie wäre es mit den Kaninchen, die ich gesehen habe? Sie waren zu schnell, als dass man ihnen hinterherjagen konnte, das war ihm klar. Also müsste er sich etwas ausdenken, um sie zu fangen. Er wusste einzig, dass sie süßes Gras mochten. Zum Glück entdeckte er ein wenig süßes Gras, das an bestimmten, nicht allzu weit von ihm entfernten Stellen in kleinen Büscheln wuchs. Er könnte eine Falle bauen. Ganz in der Nähe wuchs ein Dimba, dessen Zweige dünn und geschmeidig waren. Da er nichts bei sich hatte, womit er die Zweige abschneiden konnte, sah er sich nach einem scharfkantigen Stein um. Er fand einen und schärfte ihn an einem Felsen. Er schnitt viele Zweige ab. Auf dem Markt hatte er Frauen gesehen, die Körbe flochten. Er strengte sich an, sich daran zu erinnern, wie sie das getan hatten. Zu Anfang waren seine Finger unbeholfen und ungeduldig, doch der beständige Hunger zwang ihn zur Konzentration. Die Zweige kratzten ihn, und mehrmals schnitt er sich, kleinere Schnittwunden, die ihn mehr ärgerten als schmerzten. Lange Zeit später und mit viel Improvisationsvermögen war es ihm gelungen, einen kleinen Korb anzufertigen, dessen Öffnung gerade so groß war, dass ein Kaninchen hineinschlüpfen konnte. Wenn es erst einmal darin steckte, würde es dem Kaninchen nicht mehr gelingen, zu flüchten, denn an der Innenseite der Öffnung befanden sich angespitzte Zweige, die wie Stacheln nur darauf warteten, zuzustechen und Verletzungen zuzufügen. Er hatte einmal eine Vogelfalle gesehen, die so aussah, und hoffte nun, dass seine Falle auch bei Kaninchen funktionieren würde.

Menka sammelte Büschel des süßen Grases, schichtete es zu einem Haufen und legte es in den Korb. Dann stellte er die Falle an einem schattigen Platz neben einem Felsen auf. Er ging zu seinem Lager zurück. Dort schlief er und verspeiste die Beeren. Sie schmeckten gut und süß, doch er aß nicht allzu viele. Ihm war eingefallen, dass Majunka einmal gesagt hatte, zu viele Beeren seien der sicherste Weg zu Bauchgrimmen.

Er musste lange warten, bevor er ein Schreien aus der Falle hörte. Aufgeregt eilte er hinüber. Zu seiner großen Überraschung hatte er kein Kaninchen, sondern ein kleines Djedje gefangen. Es versuchte zu fliehen, und Menka musste schnell handeln, bevor das Djedje sich seinen Weg durch die Zweige genagt hatte. Vorsichtig hob er den Korb hoch und trug ihn zu seinem Lagerplatz zurück. Auf einer Felsplatte setzte er ihn ab. Er nahm einen großen Stein und schlug das Djedje tot. Dann häutete er das kleine Wesen mit einem scharfen Stein und zog das Fleisch auf einen Spieß, den er aus einem harten Zweig gefertigt hatte. Die Haut legte er zum Trocknen in die Sonne. Zum Feuermachen verwendete er zwei Feuersteine, und über dem Feuer briet er langsam das Fleisch. Sobald er anfangen konnte zu essen, fühlte er sich viel besser.

Die nächsten Tage vergingen ähnlich wie dieser. Nicht ein einziges Mal bekam Menka irgendeine Menschenseele zu Gesicht. Die einzigen Geräusche, die an seine Ohren drangen, stammten von kleinen Tieren, vom Wind, von Vögeln und den Adlern, die gellend über seinem Kopf kreischten, wenn sie ihre riesigen Schwingen in den Himmel spannten. Aus den dünnen und biegsamen Zweigen eines Dimba baute er sich einen kleinen Unterstand. Sein Bett bestand aus wildem Gras, das er in der Sonne getrocknet hatte.

Nachts, wenn die Eulen schrien und die umherhuschenden Mäuse fiepten, dachte er an seine Familie. Sie fehlte ihm. Irgendwie musste er den Weg nach Hause finden.

Doch eines Nachts wurde er von Händen geweckt, die ihn packten. Erneut sah er sich von einer seltsamen Dunkelheit umfangen, weil ein Tuch ihn umhüllte. Er wehrte sich und kämpfte, doch die starken Arme, die ihn festhielten, gaben nicht nach. Er spürte, wie er auf etwas gehoben wurde, das ihm wie ein breiter Rücken vorkam. War das wieder der Riese, der ihn ein weiteres Mal entführte? Menka schrie diese Frage heraus, aber der Riese blieb stumm. Wieder liefen sie lange. Diesmal aber schlief Menka nicht ein. Er blieb wach und passte auf. Er wollte das Gesicht seines Entführers sehen.

Unter dem Tuch war es unerträglich heiß. Schließlich blieb der Riese stehen. Er setzte Menka ab und machte sich vorsichtig daran, die Schlinge zu lösen. Undeutlich erkannte Menka kräftige Arme, die zu einem großen Körper gehörten. Und auf einmal hob ihn der Riese ohne Vorwarnung in die Höhe und warf ihn im weiten Bogen hoch. Menka spürte, wie er durch die Luft flog.

Wie ein Schock traf ihn ein plötzlicher Guss kalten Wassers. Er stieß einen Schrei aus und strampelte unter Wasser, um sich aus der Umhüllung des großen Tuches zu befreien. Als er wieder an die Oberfläche kam, war niemand zu sehen. Diesmal aber wusste er, wo er sich befand. Das war der See, zu dem er manchmal mit Majunka zum Schwimmen ging. Am gegenüberliegenden Ufer konnte er ein Nachbardorf erkennen. Sein Zuhause war nicht weit entfernt.

Neben einem Holzklotz fand er eine saubere Tunika im Gras. Menka betrachtete sie im frühen Licht des Morgens und stellte fest, das sie ihm gehörte. Er war überrascht, machte sich aber nicht allzu viele Gedanken darüber, weil die letzten Tage voller Überraschungen und Verwicklungen gewesen waren. Jetzt stand ihm der Sinn nur noch danach, nach Hause zu gehen.

Er zog seine schmutzige Tunika aus und die saubere an. Dann machte er sich auf den Weg nach Taneba, seinem Heimatdorf. Er fühlte sich irgendwie anders. Es war, als ob er etwas Schreckliches und Geheimnisvolles über das Leben herausgefunden hatte. Und er fühlte sich, als müsste er lernen, mit dem Schrecken zu leben, weil dieser Schrecken ihn immer begleiten würde. Riesige Männer konnten einen auf geheimnisvolle Weise einfangen und in einer fremden Umgebung aussetzen und zurücklassen, und man wäre gezwungen, sich allein durchzuschlagen.

Zu Hause klopfte er an die Tür wie ein Fremder. Seine Mutter machte ihm auf.

„Menka, warum klopfst du denn an, du verrückter Mann? Komm rein. Bist einfach verschwunden, ohne Auf Wiedersehen zu sagen." Seine Mutter schob ihn ins Haus. „Dein Vater hat mir erzählt, dass du Cousin Lesha besuchen wolltest. Das hättest du sagen können, oder?"

Mann? Hat sie das wirklich gesagt – Mann?, schoss es Menka durch den Kopf.

Er war begierig darauf, ihr zu erzählen, dass ein Riese ihn entführt hatte. Dass er an einem wüsten Ort gewesen war, an dem es nichts zu essen gab und auch keinen Platz zum Schlafen. Alles wollte er ihr erzählen. Doch er sagte nichts. Sein Vater und seine beiden Schwestern saßen am Küchentisch. Sie tranken Tee. Seine Mutter nahm ihm die alte, schmutzige Tunika ab und verschwand in einen anderen Teil des Hauses.

„Hast du Hunger?" Das war alles, was sein Vater sagte. Sie sahen einander in die Augen. Etwas im Blick seines Vaters verriet Menka, dass er über das Geschehene auf dem Laufenden war. Doch keiner von beiden verlor darüber auch nur ein Sterbenswörtchen.

„Nein, danke. Ich bin einfach nur müde. Ich möchte ins Bett", antwortete Menka.

Als seine Mutter wieder in die Küche kam, sagte Menka ihr, dass er sich eine Weile hinlegen wolle.

„Du hast aber noch nichts gegessen", hielt sie ihm vor.

„Mutter, ist schon in Ordnung. Ich möchte nur ein bisschen schlafen", erklärte er.

„Lass ihn schlafen. Der Mann hat gesagt, er sei müde", warf sein Vater ein. Es war seltsam, dass sein Vater ihn einen Mann nannte. Das hatte er noch nie getan. Aber mehr brauchte es nicht, damit alles plötzlich einen Sinn ergab. Er begriff, was ihm in den letzten Tagen widerfahren war. Die Sache, dachte er, während er in sein Zimmer ging, ich hab sie hinter mir. Ein Lächeln breitete sich über sein Gesicht.

Er legte sich ins Bett. Unter seinem Kopfkissen fand er, umhüllt vom vertrauten Pelz eines Djedje, ein Messer mit kostbar gearbeitetem Griff. Ihm war bewusst, dass dies ein wertvolles Geschenk war, und er verstaute es in seinem Schrank. Er wusste, dass seine Mutter dort nie nachsehen würde.

Am nächsten Morgen machte er sich auf den Weg zu den Hügeln, Majunka zu suchen. Er hatte ihm so viel zu erzählen. Als sie sich gegenüberstanden, umarmten sie sich wie immer.

„Lämmer sind gar nicht so sehr anders als Kinder", hob Majunka an, bevor Menka etwas sagen konnte.

„Warum sagst du das?"

„Weil man sie manchmal ihren Müttern wegnehmen muss, wenn es ihnen nicht gut geht. Und du kannst die Traurigkeit in ihren Augen sehen. Bringst du sie aber ihren Müttern zurück, dann geraten sie so aus dem Häuschen, dass sie sich manchmal selbst nass machen", sagte er, sog an einem Grashalm und schaute Menka kaum an.

„Da hast du vielleicht Recht", antwortete Menka. Und er wusste, was Majunka meinte. Sie verloren kein Wort über die Sache.

Majunka drehte sich zu Menka um und lächelte wissend.

Am Nachmittag, nachdem sie ihre Schafe in die Pferch gesperrt hatten, tat Majunka etwas, das er noch niemals mit Menka gemeinsam unternommen hatte. Sie gingen hinter das Haus, wo sich eine kleine, rechteckige Stelle befand, an der die Männer saßen, wenn sie zusammenkamen. Dort ließ Majunka sich mit Menka nieder, und auf Zeremonienhockern sitzend, tranken sie Bier aus der Mogrowurzel. Bis in den späten Abend unterhielten sie sich über ihre Pläne für den Sommer. Onkel Mati hatte einmal gesagt, sie könnten eventuell mit ihm auf Reisen gehen. Sie redeten über die Mädchen aus dem Dorf, die zu Frauen wurden, und über diejenigen unter ihnen, die sie besonders mochten. Allerdings war es noch zu früh, einer den Hof zu machen. Zuerst mussten sie ihre eigenen Häuser bauen.

Menka war glücklich, wieder in Gesellschaft seines Cousins zu sein. Er war sich seiner selbst auf neue Art bewusst. So, wie ein Baum weiß, wie viele Blätter an ihm wachsen.

Finuala Dowling

Warten

Ich hab noch nicht an Trevor geschrieben. Ich weiß nicht recht, wie ich ihm erklären soll, was passiert ist.

Nicht, dass ich Trevor irgendwas schulde. Den Briefwechsel mit ihm hab ich aus reiner Herzensgüte angefangen. Doch inzwischen geht es ziemlich tief, auch wenn wir immer noch zögern, uns das gegenseitig einzugestehen. Ganz offensichtlich wartet er darauf, dass ich es zuerst ausspreche.

Was passiert ist, heißt Lionel Cupido.

„Mittwochabend um acht. Ich komm bei dir vorbei", sagte er. „Immer noch dieselbe Anschrift?"

„Hat sich nichts geändert", erwiderte ich.

Ich erkannte Lionel sofort. Ich fühlte mich so – *skaam* in meinen Ladenklamotten, und er sah so smart aus. Er verlangte ein Seidenhemd. Ich sagte: „Sir, wir haben nur Mischgewebe mit Seide." Es war ihm anzusehen, wie er sich anstrengte, herauszubekommen, wo er mich hinstecken sollte. Schließlich fragte er: „Geraldine? Die Demo in der Klipfontein Road?"

Ich war zu verlegen, ihn daran zu erinnern, was wir noch alles zusammen getan hatten. Geküsst hatten wir uns, wann immer sich die Gelegenheit bot, so zwischen Gummigeschossen und Tränengas. „Warte nur, bis das alles hier vorbei ist." Das hatte er gesagt.

20 Jahre später, und ich bekomme seinetwegen immer noch weiche Knie.

Ich überlegte, warum er mich nicht zum Essen eingeladen hat. Wie es sich gehört, in ein schickes Restaurant und auf Kosten seines Spesenkontos. Aber dann dachte ich, vielleicht will er ja einfach nur mit mir allein sein. Nach all der Zeit. Bei Food Hall hab ich fast einen ganzen Wochenlohn ausgegeben. Leckerbissen hab ich gekauft, aufs Eleganteste zu verzehren so zwischen Erinnerungen und Champagner.

Vielleicht bliebe er ja über Nacht. Frühstück! Er würde ausgehungert sein nach einem Nachtmahl mit kleinen Leckereien und einer Nacht mit ... Egal, Würstchen, dachte ich und schaute bei Best Meats rein. Hab es gerade noch so zum Bahnsteig zwölf und meinem Zug geschafft. Kapstadt, Woodstock, Salt River. Umsteigen zur Linie in die Cape Flats. Hab mir fast das Fußgelenk verstaucht, so schnell bin ich vom Bahnhof nach Hause gerannt. Hab die Hähnchenbrust aufgeschnitten, Cocktailspieße in die Austern gesteckt. Bin unter die Dusche gesprungen, hab mir die Beine rasiert. Dann die Hochhackigen angezogen und den Lycra-Petticoat, den ich Thuli aus der Damenunterwäscheabteilung abgebettelt hatte. „Pass auf, dass du kein Make-up dranschmierst. Versaust du das Teil, musst du's kaufen", warnte sie mich noch.

Fünf vor acht. Die Lampe heruntergedreht, die Vorhänge vorgezogen, ein paar Posen ausprobiert. Ich springe auf und lege eine CD ein, prüfe mein Aussehen im Spiegel.

Halb neun. Ich bin nicht allzu beunruhigt. Eine Kabinettssitzung, vielleicht. Aber mich fröstelt in den knappen Kleidern, und ich nehm mir eine Decke.

Neun Uhr. Hat er vergessen, wie er hierher findet? Jetzt, wo er in einer feinen Gegend wohnt? Ist schon komisch, wie sich manches entwickelt, mein lieber Mann. Lionel in der Regierung, Trevor im Knast.

Viertel nach neun. Ich hab Hunger. Aber nach Austern ist mir gar nicht.

Halb zehn. Ich bin wirklich müde. Muss morgen früh um sechs aufstehen. Kann's mir nicht leisten, die Arbeit zu verlieren. Bin froh, dass ich eine habe. Komm halt nicht so leicht ans große Geld wie bestimmte Leute. Und auf der andren Seite: nichts leichter, als in die Kriminalität abzurutschen. Wie der arme Trevor. Vielleicht hätte Lionel helfen können.

Ich fühl mich wohl in meinem Flanellnachthemdchen, den großen Latschen und dem dicken Morgenmantel aus gekämmter Baumwolle. Mein Haar steckt gewickelt unter einem *doek*. Ich mache Feuer auf dem Gasherd und packe die Würstchen aus, schneid mir zwei dicke Kanten Brot ab. Ich leg mich auf die Couch und zieh die Decke über mich, den Teller auf dem Schoß. Ich guck mir die Zehn-Uhr-Nachrichten an – Lionel wird nicht erwähnt. Ich stopf das Brot und das fettige Fleisch in mich hinein.

22:20. Natürlich ist das die Klingel! Er ist von meinem Aussehen etwas überrascht, versucht aber trotzdem sein Glück. „Tut mir Leid, Liebes", sagt er. „Ich bin ein bisschen spät dran."

Ich sehe ihn von oben bis unten an. Die Lockenwickler lassen mich *vies* werden.

„Lionel Cupido", sage ich. „Es wundert mich überhaupt nicht, dass wir im Western Cape mit dem Wohnungsbau hinterherhängen, wenn jeder darauf warten muss, bis du endlich was unternimmst. Und jetzt mach dich einfach davon. Hau ab!"

Lieber Trevor,
diese Woche ist etwas passiert, durch das ich erkannt habe, dass ich bereit bin, auf dich zu warten. Das heißt, wenn du mich liebst. Und ich glaube, du liebst mich. Zehn Jahre sind eine lange Zeit, aber manches ist das Warten wert.

Tshepo Mogale

Soweto Hi-Fi

Mitten im Freitagabendverkehr dehnte sich eine Viertelstundenfahrt auf der Hauptstraße von Soweto zu quälenden 45 Minuten.

„Also Mann, Moshe, du weißt wirklich ganz genau, wo wir den Typen treffen sollen?", frag ich meinen Begleiter, für den ich den Fahrer spiele, weil er sich eine gestohlene Hi-Fi-Anlage für seine Wohnung zulegen will.

„Yeah, ich hab vorgeschlagen, dass wir uns an der Polizeiwache von Protea treffen. Was anderes kenn ich nicht in Soweto", antwortet er mir.

„Du triffst dich an der Polizeiwache mit einem Typen, von dem du geklautes Zeug kaufen willst?", frag ich ungläubig. Es gibt schon Kunden! „Wie kommt's denn, dass du dich in Soweto nicht auskennst, du bist doch aus Joburg?", frag ich weiter, um eine Unterhaltung in Gang zu bringen.

„Hey, ich bin aus dem East Rand, aufgewachsen in Boksburg. Ich bin erst ein Mal hier gewesen", antwortet er. „Und du? Warum kennst du dich in Soweto nicht aus?"

„Ich bin aus Bloemfontein", sag ich.

„Na, das ist ein Ding!" platzt er heraus. „Zwei schwarze Typen, einer aus Boksburg, der andere aus Bloemfontein – kennen sich in Soweto nicht aus. Das ist vielleicht ein Witz, Mann!"

„Yeah, finde ich auch!" Ich breche ebenfalls in Lachen aus. Einen Augenblick später sag ich zu ihm: „Trotzdem weiß ich immer noch nicht, warum du dich ausgerechnet auf der Polizeiwache mit ihm treffen musst. Man hätte sich doch auch an einer Autowerkstatt oder sonst wo verabreden können?"

Ich nehme an, er kannte nichts anderes, und ich kannte die Gegend auch nicht; ich war erst ein einziges Mal in Soweto. Moshe kannte ich auch nicht sonderlich gut. Ich wusste nur, dass ich wieder einmal pleite war, und er hatte mir einen Hunderter dafür geboten, dass ich ihn fuhr, die Anlage zu holen. Ich hatte ihn erst an diesem Morgen an der Wits kennen gelernt.

„Sag mal, wer ist eigentlich der Typ?", frag ich ihn.

„Er heißt Jabu, scheint nicht übel zu sein", sagt Moshe.

„Und wie lange kennst du ihn schon?"

Moshe berichtet: „Na ja, ich war mal in der Stadt, im Carlton Centre, da hat mir so ein Typ von seinem Cousin erzählt, der Stereoanlagen, Laptops, Handys und lauter solche Sachen verdammt billig unter die Leute bringt. Und der verkloppt mir jetzt die Wahnsinnsanlage von Technics, mit Lautsprechern und allem Drum und Dran für grade mal sechs Hunderter. Und ich werd ihn auf 500 runterhandeln, du wirst seh'n. Ich weiß, wie man einen guten Schnitt macht!"

„In Ordnung, das seh'n wir, wenn wir da sind", sag ich.

Also kriechen wir mitten in dem Verkehr die alte Potch Road lang, gefangen in einem Mix aus Taxis und Leuten, die nach einer langen Woche nach Hause unterwegs sind. Über der Township hängt ein dichter Rauchschleier. Die Kohleöfen, die die Leute anheizen, um sich zu wärmen. Gleichzeitig durchzieht ein Hauch Townshipfreitagabenderregung die Luft. Aus den Taxis dröhnt lauter Kwaito, Shangaan-Frauen in leuchtenden Gewändern kommen vorbei, balancieren ihre Warenlasten auf dem Kopf. Am Taxistandplatz gegenüber vom Bragwanath Hospital, dem größten der südlichen Halbkugel, bietet eine Reihe selbst ernannter Köche allen erdenklichen *spykos* an. Weiter hinein in die Township reihen sich kilometerlang Geschäfte, Gemischtwarenhändler, Läden mit Autoersatzteilen aneinander und sogar *Nando's Chickenland.* Autofahren ist in Soweto etwas Besonderes, weil die normalen Verkehrsregeln nicht gelten. Hier wird die Straße von den Taxis beherrscht, und man ist die ganze Zeit über gezwungen, außerordentlich vorsichtig zu fahren. Plötzlich schneidet uns ein Taxi und hält abrupt an. Ich kurbele mein Fenster herunter und will den Fahrer wüst beschimpfen, aber Moshe bremst mich mit einem Kumpel-du-willst-dich-doch-nicht-mit-einem-Taxifahrer-anlegen-Blick. Das Taxi lädt seine Fahrgäste aus, und unsere Fahrzeugschlange setzt sich wieder in Bewegung.

Wir brauchen mindestens 25 Minuten, um unser Ziel zu erreichen.

Als wir auf das Gelände der Polizeiwache einbiegen, sehen wir am Tor zwei Polizisten, die sich unterhalten. Der eine trägt Uniform, der andere ist in Zivil. Moshe erklärt den Bullen: „*Eksê, bras,* wir sind hier mit einem Freund von mir verabredet. Ich kenn mich in der Gegend nicht aus, also wollen wir uns bei euch auf der Wache treffen, *mos.* Soweto ist nicht unbedingt der sicherste Ort der Welt, und deshalb habt ihr doch nichts dagegen, wenn wir hier eine Weile warten, oder?"

Der uniformierte Polizist meint: „Nee, *bras,* ist in Ordnung, ich bin schon fast weg, aber Sergeant Samadula hier, der passt auf euch auf", und geht davon.

„*Sho Sersant*", grüße ich.

Sergeant Samadula trägt ein riesiges Automatikgewehr. Er sieht uns an und lächelt. Er hat ein freundliches Gesicht. Unter seiner Polizeimütze lugt eine Afrofrisur ein bisschen hervor, und mein Blick fällt auf seine breiten Schultern. Er hat ein hübsches Gesicht mit ein paar Stoppeln um das Kinn. Seine strahlenden Augen geben ihm das Aussehen eines Menschen, der viel Zeit in seiner Fantasiewelt verbringt, er sieht aus wie ein Raumkadett. Er patrouilliert auf und ab. Sein Gang kommt mir irgendwie unsicher vor. Ich seh ihn mir genauer an und könnte schwören, dass er voll ist wie ein Stinktier. Aber das kann nicht sein, ein Polizist im Dienst, mit einem Automatikgewehr. Doch je länger wir warten, desto deutlicher wird mir, dass der leicht schwankende Gang – halt dich fest – eigentlich ein ziemliches Stolpern ist: Der Scheißer kann jeden Augenblick umkippen. Während er am Tor patrouilliert, spielt er an seiner Waffe herum und murmelt ein paar Flüche vor sich hin.

Als wir eine Viertelstunde gewartet haben, werde ich langsam unruhig. Also sag ich zu Moshe: „Bist du sicher, dass der Typ auch kommt, Mann? Wir warten jetzt schon Stunden."

„Yeah, Mann, bleib cool, der kommt gleich, du wirst schon sehen", antwortet er.

Also sag ich: „Mann, ich bin ehrlich noch nie in Soweto gewesen. Gehen wir doch mal um den Block, vielleicht kriegen wir ja ein paar Tussis zu Gesicht."

Moshe ist einverstanden, und als wir aus der Polizeiwache gehen, sagt er zu Sergeant Samadula, dass wir uns nur mal kurz die Beine vertreten. Der murmelt etwas vor sich hin, während er weiter über den Torplatz stolpert. Als wir die

Straße entlangwandern, meint Moshe: „Mann, ich kann's gar nicht erwarten, die Technics-Anlage in die Finger zu kriegen. Als Allererstes werd ich das Ding taufen, ich werd die Hüften schwingen, Mann, ich leg Luther Vandross ein, und dann mach ich die ganze Nacht nur noch Liebe. Ich kann's kaum noch erwarten."

Darauf meine ich: „Yeah, yeah, lass uns das Ding erst mal haben, und dann reden wir über deinen Sexathon. Ist dir an Samadula was aufgefallen? Der Scheißer ist voll wie ein Stinktier! Was ist das bloß für ein Scheiß, Mann!"

Nachdem wir ungefähr 400 Meter gelaufen sind, beschließen wir, umzukehren und zur Polizeiwache zurückzugehen. Nicht eine einzige Tussi ist uns vor die Augen gekommen, hier sind überall nur Taxis und Autos. Als wir uns der Station nähern, sehen wir Sergeant Samadula mitten auf der Straße stehen. Er flucht laut und hat seine Waffe auf ein eingebildetes Ziel gerichtet. Er sieht uns kommen, und dann brüllt er: „Hey, ihr Hundesöhne, was habt ihr hier verloren, verdammte Scheiße?"

Ich stottere: „Wir wollen ..."

„VOETSEK!", schneidet er mir das Wort ab und richtet das Gewehr auf mich. „Seid ihr Scheißer immer noch hier? Rennt, oder ich blas euch den Schädel weg!"

Wir drehen uns um und sprinten schneller als die Taschendiebe im Carlton Centre die Straße runter. Nach ungefähr 100 Metern bleiben wir stehen. Ich zittre wie ein kleines Mädchen und brülle Moshe an: „Du dämlicher Scheißer, wohin, verdammt noch mal, hast du mich bloß geschleppt? Ich will nicht wegen eines geklauten Radios in diesem verschissenen Soweto sterben! Ich hab noch nicht mal ein weißes Mädchen gebumst, und jetzt soll ich von so einem besoffnen Polizisten umgelegt werden, *wanyela sani.*"

Moshe sieht ziemlich belämmert aus und ist für einen Schwarzen ziemlich blass. „Was für eine Verantwortungslosigkeit, einem betrunkenen Bullen so ein großes Gewehr in die Hand zu drücken!", sagt er. Langsam kehrt Farbe in sein Gesicht zurück.

Und so stehe ich mitten auf der Straße und versuche verzweifelt, mir etwas einfallen zu lassen, damit ich mein Auto wiederbekomme. Wir denken uns, das Beste wäre wohl, mit erhobenen Händen zurückzugehen und Samadula zu erklären, dass wir lediglich das Auto haben wollen, und dann sofort zu verschwinden.

Also bewegen wir uns auf die Wache zu, die Hände in der Luft wie Al-Kaida-Kämpfer, die sich ergeben wollen. Wir gehen den ganzen Weg zurück, die Straße hinauf, bis zum Wachhäuschen, die Hände hoch erhoben. Dort finden wir Samadula besinnungslos auf dem Fußboden, das Gewehr auf ihm, mit offenem Mund, ein Speichelstrom fließt aus dem Mund, über sein Kinn, hinunter zu Nacken und Brust.

Moshe sagt: „Komm, wir nehmen dem Scheißer die Flinte weg!"

Ich meine: „Kommt nicht in Frage, Mann, das können wir nicht machen! Das ist Unrecht, dafür können wir im Knast landen. Wir schnappen uns das Portemonnaie, und dann nichts wie weg hier!" Also filze ich ihn und finde seine Brieftasche, aber er hat nur 35 Cent bei sich. Also lassen wir die Brieftasche liegen, verfluchen ihn und gehen zum Auto. In Gedanken spiele ich die Ereignisse der letzten Minuten noch einmal durch. Ich denke: Was, zur Hölle, mach ich hier eigentlich, auf einer Polizeiwache, raub einen besinnungslosen Polizisten aus, will Hehlerware kaufen. Wo ist meine Moral abgeblieben? Ich bin doch ordentlich erzogen worden! Was würden meine Eltern von mir denken? Wie soll ich das alles erklären, wenn ich gefasst werde?

„Scheiße“, sag ich, als ich zurückrenne in das Wachhäuschen und dem bewusstlosen Bullen in die Rippen trete. „Verschissner Wichser! Hast uns fast umgebracht und mich zu Tode erschreckt!“ Irgendwie fühle ich mich danach besser und gehe zu meinem Auto hinüber. Ich will so schnell wie möglich abhauen aus diesem Irrenhaus.

„*Hola magents*!“, sagt jemand, als wir ins Auto steigen.

„Jabu!“, ruft Moshe.

„Tut mir Leid, bin spät dran. Ihr wisst ja, wie das so ist – afrikanische Zeitrechnung“, sagt Jabu.

Ich hasse es, wenn Schwarze das als Entschuldigung für ihr Zuspätkommen anbringen.

„Also wohin?“, fragt Moshe ihn. Jabu lässt sich auf die Rückbank des Autos fallen und erklärt, er leitet uns. Die Fahrt dauert ungefähr zehn Minuten, und Jabu erzählt uns, wie schrecklich seine Zeit im Gefängnis gewesen ist und was für Leute er ausgeraubt hat. Wir halten vor einer ärmlichen Hütte, und Jabu sagt: „ Okay, ihr beiden wartet hier, und ich hol die Ware. Gebt mir das Geld, ich bin in einer Minute zurück.“

Moshe gibt ihm das Geld und sagt: „Ich komme mit.“

„Nein, ihr wartet hier. Ich bin gleich zurück. Diese Typen sind Verbrecher, *bra*, die mögen es nicht, wenn ihnen Fremde das Haus einrennen“, sagt er. Also geht er allein in die Hütte, und wir bleiben zurück und warten auf diesen Typen Jabu.

Wir warten fünf Minuten, zehn Minuten, zwanzig Minuten.

Dann sag ich zu Moshe: „Sieh mal nach, was los ist, das ist doch lächerlich."

Als Moshe aus dem Auto steigt, bittet er mich: „Komm lieber mit, da drin ist es irgendwie unheimlich."

Ich meine: „O ja, geht klar, Mann!"

Er sieht mich bloß an. Also steige ich aus dem Auto, und wir gehen auf die Hütte zu. Wir betreten den Hof. Auf einmal ist alles still, sehr still. Lediglich unsere Schritte und meinen Herzschlag kann ich noch hören. Im Schatten bemerken wir eine plötzliche Bewegung. Wir schreien laut auf. Beide. Und was sehen wir? So eine Scheißkatze.

„Puh!", atmen wir beide auf. Wir öffnen die Tür und schlüpfen in die Hütte.

„Ääh, *wola*! Jemand da?", fragt Moshe nervös. Ich mache mir fast in die Hosen, als im Halbdunkel der Umriss einer Gestalt erscheint, die etwas in der erhobenen Hand hält, das aussieht wie ein Messer. Wieder schreien wir laut auf, und als wir uns umdrehen, wegrennen wollen, erkennen wir eine alte Frau, die einen mit *pap* beschmierten Holzlöffel in der Hand hält. Wieder kommen wir uns wie Dummköpfe vor.

Moshe meint: „Hallo, Mama, wir suchen Jabu."

„Was für 'nen Jabu? Hier wohnt kein Jabu. Meint ihr vielleicht den jungen Kerl, der hier vor 20 Minuten durchgestürmt ist? Ist das ein Freund von euch? Dann könnt ihr dem ausrichten, dass er sich warm anziehen soll, wenn ich ihn mal in die Finger kriege." Wieder hebt sie den Löffel wie einen *kierie* und schüttelt ihn. Mit einem Mal verliert Moshe die Beherrschung. Er brüllt sie mit erhobener Stimme an: „Du lügst, er versteckt sich hier irgendwo. Und wenn du ihn vor uns versteckst, dann sag uns, wo er ist, verdammt."

„Beruhig dich, Moshe“, sage ich. „Entschuldigung, Ma, wir gehen. Wenn Sie ihn mal treffen, sagen Sie ihm bitte, dass er mich anrufen soll“, fahre ich fort, um Moshe zu besänftigen.

Wir gehen hinaus und steigen schweigend in das Auto. Wir fahren aus diesem Elendslager, ohne ein Wort zu sagen. Selbst als wir auf die geteerte Straße abbiegen, will mir beim besten Willen nichts einfallen, mit dem ich ihn aufmuntern könnte. Ich mache den Mund auf, um etwas zu sagen, doch kommt nur ein einziger Satz heraus: „Du schuldest mir noch die 100 Lappen, die du mir für das Benzin versprochen hast.“

Ken Barris

Zunge verschluckt

Und der Junge lief. Ein fahles Feuer umspielte seinen Mund. Die Glut des Brandes ließ ihn lächeln. Nackt und losgelöst kam er sich unter dieser Kraft vor. Die Leute auf der Straße gingen an ihm vorüber, ohne die Flamme zu bemerken: Die Sonne stand senkrecht über ihm. Das Einzige, was ihn quälte, war der Schmerz, den ihm die beiden fehlenden Finger an seiner linken Hand verursachten. Eigentlich war es kein Schmerz, eher machte ihm ihr Phantomdasein zu schaffen. Langsam wälzten sich seine Gedanken in seinem Kopf, doch war er eher wach als in träumerischem Zustand. Eine zeitlose, gesetzte Wachsamkeit, die sich aus sich selbst heraus begab.

Laut und in mattgoldenen Feuerlettern, durch die das Sonnenlicht rann, sprach er seinen Namen aus: Kain. Das war sein neuer Name. Er trug ihn, weil eine Verwandlung in ihm vorgegangen war. Er lief lange, erklomm die steile Straße, die aus dem Gewerbegebiet hinausführte. Jeder Schritt war ein Glied in der Kette, die sich Kain buchstabierte.

Er hatte Durst, und sein Hemd klebte ihm schweißnass am Rücken. Er trat in einen dunklen Laden. Es dauerte eine Weile, bis er sich an die Dunkelheit gewöhnt hatte. Aus müden Augen beobachtete ihn der chinesische Ladenbesitzer. Er blieb stumm. Kain ging zum Kühlschrank und nahm sich eine Coke. Es fand sich aber kein Geld in seinen Taschen, kein Kleingeld. Geld war etwas, an das er sich erinnerte, noch aus der Zeit, bevor seine Verwandlung einsetzte. Jetzt aber spielte es keine Rolle mehr. Also ging er. Der Ladenbesitzer blieb, wo er war. Seine Augen blickten noch müder als zuvor. Er versuchte, sich an etwas zu erinnern, das ihm aufgefallen war, aber auch das war nicht mehr von Belang. Dankbar trank Kain die Coke, während er seinen Weg fortsetzte.

Langsam fiel die Sonne durch den späten Nachmittag. Als sie schließlich ihre Strahlen auf seine Augen richtete, hatte er die Stadt hinter sich gelassen und ging die holprige Straße hinunter, die sich durch endlose Flächen undurchdringlichen schwarzen Busches wand. Manchmal schoss ein Auto an ihm vorüber, und der Luftzug zerrte an ihm. Gelegentlich nur spürte ihn die eine oder andere grüne Meerkatze auf, bettelte ihn an oder beobachtete ihn weise, gähnte und kratzte sich, wenn er vorüberging. Er dachte, dass einer der Affen ihn gut begleiten könnte, und der nächste, an dem er vorüberkam, tat dies auch und sprang ihm auf die Schulter. Er roch warm und schmutzig, irgendwie quicklebendig. Schmerzhaft klammerten sich seine schwarzen Finger an ihm fest, und manchmal zuckte er leicht, vibrierte fast schon. Als er die Last und das Zucken über hatte, ließ er den Affen frei.

Hoch stand der Mond, als der Busch schließlich dem Weideland Platz machte, und er schlief am Straßenrand im dichten, feuchten Gras. Er träumte seinen Namen, wand sich in dessen bauliche Struktur hinein und aus ihr heraus, kroch durch die leeren Kammern und niedrigen Türen seiner Lettern: KAIN. Im Innern dieses Gebäudes war er ein ganz gewöhnlicher Junge. Sein Mund wurde nicht von Feuern umspielt. Er herrschte weder über Ladenbesitzer noch über Affen. Nur ein Junge war da, der verängstigt und einsam zurückblickte. Viele Dinge wollte er sich überhaupt nicht ins Gedächtnis rufen – wie er seine Finger eingebüßt hatte, zum Beispiel, oder warum er sich verwandelte. Bilder stiegen in ihm auf, gegen die er sich wehrte. Da war ein wütendes Etwas, an das er sich erinnerte. Er verharrte ganz still und leise in sich, damit die Bilder ihn nicht ausfindig machten.

Als er erwachte, hatte er Hunger. Flammen umspielten seinen Mund. Er ging weiter, verließ die Straße. Er gelangte an einen Fluss und wusch sich im eiskalten Wasser. Ihn schauderte. Er trank in tiefen Zügen. Später kam er an einem Gesträuch mit Feigenkakteen vorüber, von einem Bauern vor Jahrzehnten angepflanzt, um die Felder abzuteilen. Jetzt aber wohnte hier kein Bauer mehr, und die Felder waren schon seit Jahren nicht mehr umgepflügt worden. Vorsichtig pflückte er Feige um Feige. Er besaß noch immer das Messer; das Blut musste er mit feuchtem Gras abwischen. Doch an der Klinge befand sich gar kein Blut. Das war etwas, woran er sich erinnerte und das er nun zu sehen glaubte. Dennoch wischte er die Klinge viele Male ab. Dann schnitt er die Enden der tonnenförmigen Feigen ab und eine jede der Länge nach auf. So konnte er die stachlige Schale öffnen. Langsam aß er die Frucht. Geräusche kehrten zurück – das silbrige Klicken der *whidahs*, der Witwenvögel, wenn sie von Strauch zu Strauch schwirrten, die Grillen und das ferne Dröhnen eines Hubschraubers. Er schaute zum Himmel und verhielt sich ruhig, bis der Lärm des Helikopters verklungen war.

Kain legte sich nieder und schloss die Augen. Sein Bauch war aufgebläht. Er ruhte sich aus und erinnerte sich an den Lärm, den seine Stimme beim Sprechen machte. Er redete mit dem Mädchen. Er sagte: „Das ist nicht mein erstes Leben. Ich wurde zu Zeiten der Bibel geboren. Ich war Kain, du weißt schon, der Abel getötet hat." Sie hatte ihn ernst angesehen, freudlos, und gesagt: „Na klar, du warst Kain. Ich war Abel. Du hast mich getötet. Deswegen bist du auch in diesem Leben auf der Suche nach mir." Er sah hinunter auf ihre Füße und erkannte, dass sie schön waren. Und er sprach: „Du glaubst mir nicht." Sie schwieg. Ihre Lippen waren blass, daran erinnerte er sich. Ihr Mund war stumm, und sie wartete darauf, dass etwas geschah. Er wusste nicht, was geschehen sollte. Sie saßen am Strand, es wurde langsam dunkel, und die Wellen wuschen schon den Sand zu ihnen hin, leckten langsam immer näher und zogen sich zurück, nur um weiter auf sie zuzurollen. Später, als er von ihrem Mund kostete, musste er an eine Frucht denken, die noch niemals jemand entdeckt hatte, die zu reif war, als dass sie zu tragen gewesen wäre. Die Erinnerung zwang ihn aufzustehen und weiter zu gehen. Seine Stimme ließ er zurück, nicht aber das Feuer, das noch immer seinen Mund umspielte.

An jenem Tag lief er, ohne einem anderen menschlichen Wesen zu begegnen. Er sah jede Menge Krähen und Habichte und andere Vögel, und manchmal schauten ihn ein paar Kühe gleichgültig an, wenn er vorüberging. Dann, am Spätnachmittag, erklomm er ein Felsplateau und gelangte zu einer steinernen Behausung, die ihm den Rücken zukehrte. Als er näher heranging, bemerkte er, dass sie am Rande einer nicht allzu tiefen Schlucht stand und auf einen ruhig dahinfließenden, schlammigen Fluss hinunterschaute. Auf der roh gezimmerten Veranda saß ein Mann mittleren Alters an einem Tisch. Er schrieb. Manchmal zeichnete er auch etwas. Er war kahl und trug eine Brille mit dicken Gläsern. Er trug lediglich Shorts und war braun gebrannt. Ledrig war seine

Haut und dunkel. Überrascht blickte er hoch. Er sah Kain misstrauisch an. Sein Mund stand leicht geöffnet.

Seine Stimme klang heiser und verblüfft: „Du bist hierher gelaufen?"

Kain nickte und wartete ab.

„Zunge verschluckt?"

Kain zeigte auf seinen Mund und nickte. Er wagte nicht zu reden. Er wollte nicht, dass irgendjemand die Flamme sah. Noch nicht. Er wusste nicht, was dann geschähe. Er hatte keine Ahnung, wie viele Flammen aus seinem Mund geschossen kämen, wenn er redete. Wie weit sie reichen würden, wie heiß sie wären.

„Stumm? Kannst nicht sprechen?"

Erneut nickte Kain. Durch diese Geste ergoss sich seine Erschöpfung. Es war die Art Erschöpfung, die einsetzt, wenn eine zu große Kraft nicht ausreichend genutzt wird. Der Mann aber glaubte, es wäre eine ganz gewöhnliche Erschöpfung.

Er sagte: „Bist du müde? Möchtest du etwas trinken?"

Kain nickte dankbar.

Der Mann ging in seine Behausung und kehrte mit einem Bier wieder zurück, das er Kain reichte. Es war einigermaßen kalt. „Ich hab da drin einen Paraffin-Kühlschrank. Der ist gar nicht so schlecht." Kain trank in tiefen Zügen, dann hob er die Flasche zum dankbaren Gruß.

„Ich heiß Tubal. Deinen Namen kannst du mir vermutlich nicht sagen. Wart einen Augenblick." Er holte Notizbuch und Stift für Kain. „Hier."

Kain nahm die Dinge und hielt sie teilnahmslos in den Händen. Er schüttelte den Kopf.

„Du kannst nicht schreiben? Wie und womit teilst du dich dann mit? Rauchzeichen?"

Kain konnte schreiben. Er wollte nur nicht; er musste alles ganz einfach halten. So war es für alle Seiten sicherer. Er zuckte die Achseln.

„Na gut", sagte Tubal. „Ich muss mit niemandem reden. Deswegen bin ich schließlich hier. Die meisten Leute reden den ganzen Tag. Ich nicht. Wenn du willst, kannst du hier bleiben. Bier ist im Kühlschrank. Bedien dich. Wenn du Hunger hast, mach dir eine Büchse Bohnen auf. Die findest du drin, im Haus." Tubal schickte Kain weg, als wäre er ein Ding, ein Gegenstand, dessen er sich nicht mehr erinnerte, und ging zu seinem Tisch zurück. Er starrte in die Ferne, dann fing er wieder zu zeichnen und zu schreiben an. Kain setzte sich, mit dem Rücken an der Hauswand, und trank langsam sein Bier aus. Er beschützte sein Feuer. Er fragte sich, was Tubal wohl zustoßen würde.

Tubal schaute auf. Kain stand neben ihm und betrachtete seine Arbeit. Er lachte: „Du kannst nicht schreiben, aber lesen kannst du? Ich hab mir schon gedacht, dass mit dir was nicht stimmt." Seine Stimme hatte den Klang eines Steins. „Aber selbst, wenn du das lesen kannst, glaube ich nicht, dass du es verstehst."

Schweigend las Kain: „Feuer ist das schöpfende Element, und aus seinen Wandlungen sind alle Dinge geboren. Kondensiertes Feuer wird zu Dampf; Dampf wird Wasser; Wasser wird, durch eine weitere Kondensation, Erde." Die Handschrift war bestimmt, klar. Er verstand das Geschriebene nicht. Daneben waren Skizzen eines seltsamen Apparats, eine Anordnung von Sphären und Kristallen, hier und da mit den Buchstaben einer Sprache gekennzeichnet, die Kain niemals zuvor gesehen hatte. Vielleicht war es Hebräisch. Oder Russisch.

„Was du da liest, Junge, der nicht lesen kann, ist Heraklit. Ich studiere die Philosophen. Eigentlich bin ich selbst gar kein Philosoph. Ich bin ein Macher. Ich denke über Dinge nach, die man machen kann."

Kain schüttelte den Kopf und starrte zum Fluss hinunter. Etwas Dunkles kam an die Oberfläche und verschwand wieder: ein großer Wels, größer als ein Mensch, das Maul so breit wie die Schultern eines Menschen. Er sah wieder auf Tubal. Der Ältere blickte ihn unverwandt an. Scharfsinnig. Es war schwer, seinen Augen standzuhalten, die hinter den gläsernen Linsen glitzerten.

„Du bist mir schon ein Gerissener", sagte Tubal. „Bist nicht ganz hier. Oder anders: Da ist etwas, das du nicht eingestehen willst." Kain erschrak, weil er spürte, dass Tubals Blick in ihn drang. Ganz fest. „Eins von beiden jedenfalls", fuhr Tubal beharrlich fort. „Eins von beiden."

Kain kehrte zu seiner Hauswand zurück und setzte sich. Tubal blickte weiter über den Fluss. Er kaute auf seiner Unterlippe. Von Zeit zu Zeit kritzelte er etwas in sein Buch, dann hielt er wieder inne. Er sagte: „Mit diesem Gerät will ich Vibrationen in Feuer verwandeln." Kain schwieg. Er gab nichts preis. Er dachte: Das Feuer ist mein Wesen. Tubal sagte: „Vibrationstechnik. Das ist die Zukunft."

Nach dem Abendessen warf Tubal Holz auf die Kohlen, und die Flamme leckte hungrig daran. Sie stierten hinein, versiegelten sich gegen die Nacht. Trotzdem konnten sie die Nacht noch hören, sowohl die fast greifbare Stille als auch die Geräusche der Insekten und der größeren Raubtiere. Ein Scheit Port-Jackson-Weide zischte und spuckte mitten im Feuer. Tubal war in sich versunken und nippte zufrieden an seinem Whisky. Kain vermochte Tubals Gleichgültigkeit zu fühlen. Es war, als sei der Ältere in ein Metall eingeschlossen, das fast so unvergänglich war wie Bronze.

Jetzt, da er sich in Gesellschaft befand, fühlte Kain sich einsam.

Tubal sagte: „Erzähl mir deine Geschichte, Junge. Ich weiß, dass du sprechen kannst."

Kain spürte die Arroganz in dem Wort „Junge". Er konnte sie schmecken: Junge. Tubals Stimme klang schwer und heiser. Knirschende Teilchen, die sich aneinander rieben. Kain zeigte in das Feuer. Dann sank sein Arm langsam wieder herab. Das war seine Geschichte. Tubal sah diese Bewegung nicht. Sie bedeutete, dass all die lodernden Teile des Feuers voneinander getrennt waren und schnell starben, das Feuer aber zumindest noch eine Weile weiterlebte. Das Wort Feuer war ganz und gar Lüge: Es galt für alle Feuer, und doch war jedes Feuer anders, selbst in seinen einzelnen Teilen und für sich genommen. Kain hatte keine Ahnung, warum das seine Geschichte war.

„Zunge verschluckt", sagte Tubal. „Das haben sie immer gesagt, als ich ein kleiner Junge war. Damals hast du den Mund gehalten, wenn du in Schwierigkeiten gesteckt hast. Du hast dich geschämt. Dann haben sie gesagt: Zunge verschluckt."

Tubal bot ihm den Flachmann an, aber Kain schüttelte den Kopf. Er mochte keine scharfen Sachen. „Was ist mit deiner Hand passiert, Jungen? Deinen Fingern?"

Vorsichtig holte Kain sein Messer hervor. Er klappte es auf und machte Schneidbewegungen nahe der verstümmelten Hand.

„Dich hat jemand geschnitten?"

Kain schüttelte den Kopf. Vorsichtig klappte er das Messer wieder zu und verwahrte es in seiner Hosentasche.

„Du hast dich selbst geschnitten?"

Kain nickte. Er starrte zu Boden. Er mochte Tubal nicht

in die Augen sehen. Onyx hinter den Brillengläsern. Und sehr klein. „Du hast dich geschämt", sagte Tubal. „Sehr geschämt." Da schaute Kain in Tubals Augen, wandte aber den Blick schnell wieder ab. Er fühlte sich in der Falle. Panik stieg in seinem Herzen auf. Tubal hielt seine linke Hand hoch. Die beiden kleinen Finger fehlten. In Kains Kopf drehte sich alles. Tubal lachte: „Hat nichts mit Scham zu tun. Ich hab versucht, ein Regal zu bauen. Hab sie mit der Kreissäge abgeschnitten." Als er lachte, schmeckte Kain Messing, unpoliertes Messing. „Jetzt baue ich keine Dinge mehr. Ich denke über Dinge nach, die man bauen könnte. Auf diese Weise wird nichts abgeschnitten." Die Scheite im Feuer fielen in sich zusammen, Funken sprühten in die Höhe und segelten davon wie brennende, aber noch lebende Insekten. „Du erinnerst mich an mich selbst", fuhr Tubal fort, „an mich selbst, als ich noch jünger war." Er legte sich zurück und räkelte sich auf der Suche nach einer bequemeren Stellung. „Hat natürlich alles mit Sex zu tun." Dann fiel er in Schweigen. Kain blieb wachsam, war auf der Hut, völlig regungslos, abwartend und bereit. Eine riesige Motte flatterte aus der Nacht heraus und umschwirrte ihn. Ärgerlich stieß er den Kopf zur Seite. Als er einschlief, hielt er noch immer das Messer fest umklammert.

Am Morgen lagen die Dinge ganz anders. Unten am Fluss. Tubal hatte ihn hinuntergeschickt. Wasser holen. Kain hockte sich an das lehmige Ufer und starrte ins Wasser. Das Wasser war ruhig, aber er selbst war überhaupt nicht ruhig. Dann stieg in der Mitte des Flusses eine trübe schwarze Wolke auf und bewegte sich langsam auf ihn zu. Oder besser: klarte zu ihm hin auf. Sie ging kurz unter, dann stieg sie schnell zur Wasseroberfläche hoch, und schließlich teilte das Maul des Welses das Wasser. Die Barthaare standen weiter auseinander, als seine Schultern breit waren. Wie schlanke Wasserschlangen bewegten sie sich auf dem Wasser, mit eigener, verkommener Intelligenz. Der Fisch schien ihn anzusehen. Unfreiwillig schreckte er zurück. Der Wels versank im kalten, gelben Wasser. Und wartete. Er wusste, dass er noch immer da war, er konnte ihn in dem gelben Fluss fühlen. Er konnte sein kaltes Blut spüren und wie sein Schwanz träge gegen die Strömung schlug.

Kain hatte immer noch die große Plastikflasche zu füllen. Er zwang sich, nahe an das Wasser zu gehen, hockte sich hin und drückte die Öffnung der Flasche unter Wasser. Das Wasser lief rhythmisch gurgelnd in die Flasche. So, als schluckte die Flasche das Wasser. Gleichzeitig hielt er Ausschau nach dem Wels. Er glaubte nicht, dass der sich an diese seichte Stelle wagen würde.

Die Flasche war beinahe voll. Er hatte sie ganz vergessen. Sie lag da im warmen Schlamm. Er dachte darüber nach, wie er sich verwandelt hatte und was er dem Mädchen in jener Nacht am Strand angetan hatte. Nachdem er sie gekostet hatte – nachdem er fertig war –, sahen ihre Füße blass aus, und doch noch immer hübsch. Nur, dass sie sich nicht bewegen konnten. Sorgfältig wischte er die Klinge an ihrer Haut ab. Doch das reichte nicht aus. Er bekam das Blut nicht von der Klinge, obwohl er sie viele Male abwischte. Daher wusste er, dass er Gott zornig gemacht hatte. Gott musste ihn mit einem Mal zeichnen. Daran gab es keinen Zweifel. Er fand einen Felsen, der flach genug war, als Schneidebrett zu dienen und legte seine linke Hand darauf, mit gespreizten Fingern.

Wieder stieg langsam der Wels auf. Er war jetzt näher herangekommen, war vielleicht noch einen Meter entfernt. Seine schlammigen Augen durchbrachen die Wasseroberfläche, blitzten kurz auf. Das Feuer in ihm sank in sich zusammen, fast erlosch es, solchen Schrecken jagte ihm der Fisch ein. Ich könnte mich dem Fisch zum Fraß vorwerfen, dachte er. Flusswasser leckte an seinen Knöcheln. Der Fisch sank zurück und verwandelte sich wieder in eine Wolke. Er konnte ihre Dunkelheit ausmachen. Er richtete sich auf, schraubte den Verschluss auf die Flasche. Einen Augenblick lang glaubte er, dass er die beiden Finger noch in der Hosentasche hätte und sie dem Ungeheuer geben könnte, aber er hatte sie irgendwo vergraben, vielleicht schon vor langer Zeit, irgendwo während seiner Reise. Er drehte sich um und nahm den steilen Anstieg in Angriff, wobei er die schwere Flasche mit dem gelben Wasser hinter sich herschleifte.

Tubal saß an seinem Tisch, arbeitete an seinen Aufzeichnungen und Skizzen. Er starrte Kain an, beobachtete misstrauisch, wie er das Wasser auf die Veranda schleppte und donnernd fallen ließ. „Wie heißt du, Junge?", fragte Tubal. Kain zuckte die Achseln. Ich heiße Feuer. Mein Name ist ausgebrannt. Schweigen erfüllte ihn, eine Wut, die irgendwie anders war, sogar in ihren eigenen Bestandteilen und sich selbst gegenüber. Und still umspielte das Feuer seinen Mund.

Tubal sagte: „Du hast die Vergangenheit hinter dir gelassen, Junge. Du bist in die Zukunft hineingelaufen." Er hob seine verstümmelte linke Hand: „Du bist meine Vergangenheit – ich bin deine Zukunft. Vielleicht ist das dein Name." Er wandte den Kopf zur Seite und spuckte aus. Kain fragte sich, was mit Tubal passieren würde. Seine verstümmelte Hand umklammerte das Messer in der Hosentasche.

Kain setzte sich in die wachsende Hitze des Vormittags, lehnte den Rücken gegen die Wand der Veranda. Wenn Tubal nicht zu ihm herüber sah, hob er sein Gesicht der Sonne entgegen und stieß einen Feuerstrahl aus. Dieser blieb unsichtbar im härteren kosmischen Licht, doch er wusste um seine Hitze. Und wenn Tubal sich den Schweiß von der Stirn wischte, lächelte Kain. Er trank das gelbe Wasser vom Fluss, um seinen Mund zu kühlen.

Der alte Mann arbeitete an seinem Entwurf zu einem neuen Vibrationsgerät und starrte durch seine dicken Brillengläser über den Fluss. Kain schlief ein und träumte sich einen Namen, buchstabierte die Sequenzen durch die bronzenen Hallen und Torbögen der Lettern: TUBAL-KAIN. Im Innern dieses Tempels war er nicht länger ein Junge, den ein Monsterfisch im Fluss zum Verstummen gebracht hatte. Er war ein verstümmelter Urheber, der mit Feuer und Kristallen arbeitete und am gegenwärtigen Augenblick nur mittelbar litt.

Niq Mhlongo

Auf der Schattenseite

Erkennen Sie die Handschrift?", fragte Detective Nkosi Sipho.

Detective Nkosi war einer der drei Polizisten, die sich in dem Zimmer in der Leo Marquard Residence aufhielten, das einmal Sbu gehört hatte. Der zweite Polizist, Detective Nhlapo, und Onkel George (Sbus Onkel) waren damit beschäftigt, Sbus Habe in zwei große Pappkartons zu verstauen. Detective Nhlapo hielt eine durchsichtige Plastiktüte in der Hand, in der sich ein gelber Stift befand. Die Polizei war der Ansicht, dass Sbu den Stift benutzt hatte, um seinen Abschiedsbrief zu schreiben. Der dritte Polizist, Detective Sithole, stand am Balkon. Er untersuchte die Stelle, von der Sbu, wie die Polizei vermutete, vergangene Nacht in den Tod gesprungen war.

Sipho sah auf das Blatt Papier, das Detective Nkosi ihm reichte. Er war davon überzeugt, dass es die Schrift seines Freundes trug. Fast alles hatten sie gemeinsam unternommen: Sie hatten im selben Jahr an der Universität Kapstadt ihr Studium angefangen, hatten dieselben Kurse belegt, die sie zum B.A. führten, und sie wohnten im selben Wohnheim. Oftmals verglichen sie ihre Mitschriften, doch das hier sah aus, als wäre der Schreiber betrunken gewesen oder hätte unter Drogen gestanden, während er seine letzten Worte niederschrieb.

„Na ja ...“, begann Sipho stockend, „ich glaube, das ist Sbus Schrift.“

„Sind Sie sicher?“

Erneut sah er auf das Blatt Papier hinunter.

„Ja ...“

„Weshalb sind Sie so sicher?“

„Weil wir jeden Freitag unsere Vorlesungsmitschriften ausgetauscht haben und ich seine Art zu schreiben ziemlich gut kenne.“

Sipho fiel ein, dass heute, am 13. November, der 23. Geburtstag des Toten gewesen wäre. Er war davon überzeugt, dass sein Freund nicht vorgehabt hatte, an eben diesem Tag zu sterben. Es musste ein Missverständnis sein. Letzte Nacht hatte Sbu sogar noch vorgeschlagen, eine Party zu veranstalten, um seinen Geburtstag und das Ende der Prüfungen zu feiern. Wenn er geplant hätte, sich umzubringen, warum hätte er dann alle Freunde für den nächsten Tag zu seiner Geburtstagsfeier einladen sollen?

„Hatte Ihr Freund Feinde?“ fragte Detective Nkosi.

„Ich glaube nicht. Warum?“

„Litt Ihr Freund an Depressionen?“

„Das glaube ich nicht.“

„Hat er nach Ihnen noch Besuch erwartet?“

„Das weiß ich nicht.“

„Wie steht es mit seiner Freundin? Kennen Sie sie?“

„Ja“, antwortete er zweifelnd, „doch soweit ich weiß, sind die beiden nicht mehr zusammen. Sie haben sich letzten Monat getrennt.“

„Aha, stimmt das auch?“

„Ja, soweit ich weiß.“

„Wussten Sie, dass sie gestern hier war?“

„Wer? Zanele? Wirklich?“

„Wenn Sie sich den Abschiedsbrief ansehen, vermuten Sie dann, dass er irgendwie unter Druck stand, als er ihn geschrieben hat?"

„Na ja, das kann ich nicht sagen. Aber ausschließen kann ich es auch nicht."

„Sehen Sie sich den Brief genau an. Die Wörter stehen nicht genau in einer Reihe, sehen Sie? Hat er manchmal so geschrieben?"

„Nur wenn er sich beeilen musste, während der Mitschriften in der Vorlesung."

„Hat Ihr Freund Drogen genommen?

„Ich denke nicht ..."

„Vielen Dank für Ihre Auskünfte. Bitte sagen Sie uns Bescheid, wenn Ihnen noch etwas einfällt, das uns bei unseren Ermittlungen helfen könnte", erklärte Detective Nkosi und gab Sipho seine Visitenkarte.

Am nächsten Tag blieb Sipho im Bett. Er hatte keine Ahnung, wie er es bis in sein Zimmer geschafft hatte, und sein Körper fühlte sich schwer an, als hätte er die ganze Nacht Zementsäcke geschleppt. Allein die Augen zu öffnen, bedeutete schon eine Anstrengung. Er drehte sich um, sein Magen fühlte sich leer an, doch seit er die traurige Nachricht vom Tod seines Freundes erhalten hatte, fehlte ihm der Appetit.

Während er schlief, briet ihn ein Sonnenstrahl, der durch die Vorhänge in das Zimmer eindrang, die er vergessen hatte zuzuziehen, als er um halb vier Uhr morgens aus der Bar gekommen war.

Plötzlich hörte er es an der Tür klopfen. Jemand rief seinen Namen.

„Ich weiß, dass du da bist, Sipho. Ich bin's, Zanele. Bitte mach auf."

Sipho schob sich die Bettdecke vom Körper und rollte sich zur Bettkante hinüber. Als er sich hochdrückte, fielen ihm ein paar Tabakkrümel aus der Tasche seiner alten braunen Lederjacke, die er immer noch trug, und erst jetzt stellte er fest, dass er in Schuhen geschlafen hatte. Als er zur Tür hinüberging, fiel ihm eine leere Büchse *Black Label* ins Auge, die auf dem Fußboden lag, der Inhalt verschüttet und eingetrocknet. Das ganze Zimmer stank nach Bier.

Zanele schleppte eine blaue Sporttasche mit Universitätslogo darauf. Sie studierte im zweiten Jahr an der Drama School, hatte aber, nachdem sie gestern vom Tod ihres Exfreundes erfahren hatte, alle noch ausstehenden Prüfungen abgesagt.

„Hi", sagte sie, „was stinkt denn hier so entsetzlich?"

„Äh, ist wahrscheinlich das Bier ..."

Sipho ging zum Fenster hinüber und machte es auf. Die Sonne strahlte in das Zimmer.

„Ich bin schon seit elf Uhr hier und hab bereits mehrmals bei dir angeklopft. Ich hab schon gedacht, du bist gar nicht da."

„Tut mir Leid, dass ich dich nicht gehört hab. Ich bin erst frühmorgens nach Hause gekommen", rechtfertigte er sich und gähnte.

„Wenn der Sicherheitstyp unten nicht gewesen wäre, der stock und steif behauptet hat, dass du da bist, wäre ich wieder gegangen, ohne dich getroffen zu haben."

„Wirklich?", meinte er und rieb sich die Augen. „Tut mir Leid."

Sipho ging in die Küche und schaltete den Wasserkocher an, um Kaffee zu kochen. Im Abwasch stapelten sich die schmutzigen Teller und Töpfe, die schon seit einer Woche nicht gespült worden waren, und als er den Kühlschrank öffnete, um frische Milch herauszunehmen, konnte er riechen, dass die Eier nicht mehr gut waren. Er kümmerte sich nicht weiter um den Geruch und griff nach der Milch.

In jeder Hand einen Becher Kaffee, kam er in sein Zimmer zurück, in dem Zanele auf dem Bett hockte.

„Als ich die Tasche sah, hab ich geglaubt, du wärst mit ein paar kalten Büchsen Bier gekommen, damit ich diesen *babbalaas* runterspülen kann", sagte er in dem Bemühen, einen Scherz zu machen.

Eine Weile herrschte Schweigen im Raum. Langsam rollten ein paar Tränen über Zaneles braune Wangen. Sie wischte sie mit dem Handrücken ab.

„Würdest du mir einen Gefallen tun, Sipho?"

„Du weißt, dass du immer auf mich zählen kannst."

„Die Tasche gehört Sbu. Er hat sie vor ein paar Monaten, als wir noch zusammen waren, bei mir vergessen, und sie nie abgeholt. Ich möchte dich bitten, sie seinen Angehörigen zu geben."

„Ich werd sehen, was ich tun kann."

Zanele trank ihren Kaffee aus und wollte gehen.

„Bevor du gehst, möchte ich dich noch etwas fragen."

„Ja?"

„Ich hab Gerüchte gehört, dass du gestern in Sbus Zimmer warst. Vor seinem Tod."

„Das ist eine Lüge. Vor Mitternacht war ich nicht mal auf dem Campus ..."

Nachdem Zanele verschwunden war, durchsuchte Sipho die Tasche. Er fand Waschzeug, Unterhosen, Bücher, einen Briefumschlag und eine Zahnbürste. Begierig zu erfahren, was in dem Brief stand, öffnete er ihn. Es war ein vertrauliches Schreiben vom Johannesburg Hospital und stammte vom 20. August. Er mochte seinen Augen nicht trauen, als er in der Spalte BEFUND das Wort POSITIV las.

Mary Watson

Lilitree

Quinton hat Lilitree im Garten hinter dem Haus ausgesetzt. Eigentlich ist es gar kein richtiger Garten – eher ein Schlammloch mit ein paar traurigen Blumen darin und Unkraut, das willkürlich wuchert, sowie ein paar Flecken mit Gemüse, das unter einem strauchigen Ungetüm von Saubohnen regelrecht zwergenhaft erscheint. Lilitrees sind selbstverständlich verboten und deshalb sehr selten. Gekauft hatte er den Samen in Woodstock's Main Road, eines Abends nach Einbruch der Dunkelheit. Er hatte sich seinen Weg durch all die tätowierten Männer gebahnt, die auf Krawall aus waren, bis er an die Kreuzung gelangte, an der Adultworld und Post aufeinander stießen. Der Dealer lehnte an einem Verkehrsschild und rauchte Pfeife. Quinton konnte das Gesicht seines Lieferanten nicht erkennen, weil es unter den Falten einer riesigen Kapuze verborgen war. Grobe Hände ließen den Samen in eine braune Papiertüte fallen, verschlossen sie mit einem Bindfaden und übergaben ihn heimlich im Austausch gegen ein Bündel Banknoten.

Quinton setzte Lilitree unter die freiliegenden Wurzeln des Cabbagetrees, bevor Marlene ihn davon abhalten konnte. Als sie entdeckte, dass sie in dem schlammigen Hinterhof ein kleines Mädchen heranwachsen ließen, wurde sie fuchsteufelswild.

„Wie sollen wir sie denn ernähren? Wir haben einfach nicht das Geld dafür, Quinton. Benutz doch wenigstens einmal in deinem Leben den Verstand." Sie lief in den Hof. Ihre Fersen sanken ein und hinterließen eine deutliche Spur im Schlamm. Marlene kniete bereits und war drauf und dran, den Samen aus der Erde zu holen, als hinter ihr Quintons Stimme ertönte: „Das kannst du nicht machen – das ist wie eine Abtreibung." Marlene redete tagelang kein Wort mehr mit ihm.

Es geschah aber nichts. Jeden Tag untersuchte Quinton aufs Neue die Stelle, an der er Lilitree ausgesetzt hatte, doch die krustige braune Erde brachte nichts hervor. Marlene trug eine unerträglich selbstgefällige Miene zur Schau. Affektiert pfiff sie vor sich hin, während sie die riesigen Säcke voll der Wäsche anderer Leute wusch und bügelte, was ihre Hände so rötlich roh werden ließ. Als sie bemerkten, wie das gefürchtete Gikuyugras aus dem Boden schoss wie ein ungebetener Gast, wurde Quinton von dem Gefühl befallen, dass man ihn vielleicht betrogen hätte. Und der Samen war alles anderes als billig gewesen – das Freitagabendkneipengeld eines ganzen Monats hatte er dafür hingelegt.

„Überleg doch mal, welchen Nutzen sie uns gebracht hätte. Denk nur mal dran, wie viele Säcke schmutziger Wäsche wir zusätzlich hätten waschen können. Und wir müssten uns auch nicht mehr erheben, um im Fernsehen einen anderen Sender einzuschalten", seufzte Quinton, während er Marlene in die Seite stieß, damit sie aufstand und auf einen anderen Kanal schaltete. Ihre alte Kiste hatte keine Fernbedienung.

Am Wochenende, als Marlene gerade daran gehen wollte, das Gras auszureißen, bevor es sich ausbreiten und ihren hübschen, schlammigen Hof überwuchern konnte, stieß sie auf etwas Seltsames. Das Gras war zu dünnen, grünen Fingern geworden, die sich auf dem Boden ausstreckten, sich sacht an den Erdboden schmiegten, als wollten sie sich aus dem Schlamm erheben. Marlene schrie auf.

Am nächsten Tag tat sich ein kleiner Kopf hervor, so wie ein Kohlkopf, der über Nacht gewachsen ist. Jeden Tag wuchs Lilitree weiter und weiter: zuerst feste, grüne stängelgleiche Arme, dann ein rindiger, braungrüner Stamm, danach lange, schlammige Ranken, die sich ineinander verschlangen und ihren Rücken hinunterschlängelten, bis schließlich, gegen Ende des Monats, im Garten ein kleines Mädchen heranwuchs.

„Wann können wir sie pflücken?“, fragte Marlene, die das Abwaschen satt hatte. Quinton half ihr nie bei der Hausarbeit, von ihrer Arbeit als Wäscherin ganz zu schweigen. Er hielt sich mehr für die PR-Abteilung des Haushalts, nahm Anrufe entgegen und begrüßte die Kundinnen, vor allem die netten. Marlene stöhnte unter der Verspannung im Rücken. Es war das Schlimmste für sie, dass sie sich über die Badewanne beugen musste, um anderer Leute Unterwäsche zu waschen.

„Wir können sie nicht einfach pflücken. Sie muss allein aus der Schote raus. Die Gebrauchsanweisung sagt, dass sie bei uns anklopfen wird.“

Inzwischen wartete Marlene ungeduldiger als Clinton darauf, dass ihr Lilitree erntereif wurde. Sie bedeckte ihre Füße (die sahen ein wenig wie freiliegende Wurzeln aus) mit Kompost. Der war voller niedlicher, sich windender Würmer, was Lilitree jedoch einen Schauder einjagte. Trotz der häufigen Regenfälle wässerte Marlene das Bäumchen täglich, bis das kleine Mädchen unter der gnadenlos kalten Dusche aufschrie.

„Ach, halt die Klappe", gähnte Marlene, „sonst essen wir dich auf."

Lilitree mit ihrer kläglichen Katzenstimme weinte noch lauter. Der Augustregen prasselte nieder, und sie erkältete sich und schniefte elendiglich (Lilitrees kann man nur Anfang Juli pflanzen, denn sonst wird nur Kohl aus ihnen).

„Ein Stück nasses Laken", nickte Marlene zu Quinton hinüber, „dann hat sie wenigstens Grund zum Heulen."

Den ganzen September über hegte und pflegte Marlene ihr Bäumchen, das auch beständig wuchs. Im November hatte Quinton die Nase schon ziemlich voll von der Warterei. Doch noch immer machte Lilitree keine Anstalten, aus der Schote herauszukommen. Die räudigen streunenden Katzen der Umgebung schlichen herbei und zischten den Baum an. Und das Mädchen zischte zurück.

Marlene wartete ungeduldig. Sie dachten sich Namen für sie aus, versuchten, sie ins Haus zu locken, indem sie ihr vom Fenster her mit Süßigkeiten und Marshmallows zuwinkten. Im Frühsommer begannen Lilitree Brüste zu wachsen. Marlene fand das ziemlich unanständig und bedeckte sie mit einem Geschirrtuch.

In einer drückendheißen Woche Ende Dezember ertönte schließlich ein Klopfen am Küchenfenster, ein leises, vorsichtiges Poch-Poch. „Hallo Mami", sagte Quinton und küsste Marlene, „ich glaube, das ist unser kleines Mädchen!"

Doch Lilitree war alles andere als ein kleines Mädchen. An der Küchentür stand eine erwachsene Frau. Grün, mit rindiger Haut, mit kaputten Plastiktüten als Hemdchen, das rot karierte Geschirrtuch um die Hüften gelegt. Niemals zuvor hatte Quinton eine schönere Frau zu Gesicht bekommen.

„Du Dummkopf!", brüllte Marlene Quinton an. „Du hast den falschen Samen geholt."

„Das ist alles deine Schuld", schrie Quinton zurück, „wenn du sie nicht so viel gegossen und den ganzen Kompost um ihre Füße gehäuft hättest ..."

Gleichzeitig wurde ihm schuldbewusst klar, dass der Dealer vor Adultworld gestanden hatte. War dies vielleicht eine besondere Samensorte?

„Wir können ja mal im Internet nachsehen", beruhigte er Marlene.

„Kann ich bitte einen Schluck Wasser bekommen?", krächzte Lilitree, die am Türrahmen lehnte.

„Hörst du das arme Kind?", machte Quinton Theater. „Marlene, hol ihr einen Schluck Tee."

Quinton war von dem zerbrechlichen Wesen, das sich mit leidenschaftsloser Energie über ihren Haushalt hermachte, ganz bezaubert. Lilitree erledigte nicht nur die gesamte Hausarbeit, sondern wusch zusätzlich noch eine ungeheure Menge schmutziger Wäsche. Marlene war zufrieden. Bald konnten sie sich einen neuen Fernseher leisten. Mit Fernbedienung.

Lilitree aber fühlte sich bei ihnen nicht wohl. Sie zog es vor, sich im Schlamm unter dem Cabbagetree schlafen zu legen. Sie ließ die schmackhaften Würstchen stehen, die Marlene zubereitete, und wühlte stattdessen, auf der Suche nach etwas zum Abendbrot, im Komposthaufen. Gierig trank sie das Wasser, das sich vom Hahn im Hof direkt in ihren Mund ergoss. Sie liebte den Gartenschlauch. Sie schleppte Schlamm ins Haus, ihre schmutzigen Zehen hinterließen Spuren auf den gescheuerten Fliesen. Das Beste aber war, dass sie arbeitete wie von einem Dämon besessen. Doch selbst wenn sie hunderte großer, weißer Wäschesäcke mühelos bewältigte, wurde Lilitree doch von einer unsichtbaren Last niedergedrückt. Es umgab sie eine Verlorenheit, die Quintons Neugier weckte. Wenn Marlene sie während der heftigen Regengüsse im Haus einsperrte, starrte Lilitree hinaus in den Garten und sehnte sich nach den Gerüchen, den weichen Strukturen der mageren Pflanzen, die da wuchsen, dem Gefühl des Regens auf ihrer Haut. Für alles andere schien sie sich nicht sonderlich zu interessieren. Eines Abends, als sie ihnen heiße Schokolade brachte, während sie sich im Fernsehen ihre Lieblingssendungen anschauten, bemerkten sie, dass sie Reality-TV mochte. Sie schaute mit ihnen gemeinsam, und einmal lachte sie sogar laut. Es hörte sich an wie Blätterrascheln im Wind. Doch nach wenigen Abenden eifrigen Fernsehens verlor sie das Interesse. Mitten in *The Peepshow* ging sie hinaus, und Quinton fand sie später im Cabbagetree sitzend, die Zweige um sich gehüllt.

Quinton versuchte, sie mit Zeitschriften und Schokolade zu trösten. Zunächst war sie begierig darauf, blätterte durch die Seiten mit den Fotos von Berühmtheiten, während sie das weiche Karamell aus der Schokolade lutschte. Bald aber blieben die Zeitschriften unberührt liegen, die Schokolade war im Schlamm breitgetreten. Er kaufte ihr ein hübsches gelbes Kleid, das ihre Hautfarbe betonte, und sie tanzte erfreut darin herum. Zwei Tage später fand Marlene das Kleid im Gemüsebeet. Es sah aus wie ein schmutziger Kürbis. Quinton schenkte ihr Blumen, doch Lilitree kreischte, als sie ihre abgeschnittenen Schwestern sah, und legte sie sacht in ihr schlammiges Bett. Quinton kroch zu ihr unter den Cabbagetree und lauschte ihrem unglücklichen, holzigen Atem.

Marlene sah sich das alles schweigend an. Sie sah, wie die langen, eleganten Finger Laken auswrangen und unermessliche Berge Hemden und Hosen bügelten und falteten. Sie sah, wie Lilitree sich über die Badewanne beugte und die Unterwäsche wusch, dabei sacht den Körper schwingend.

Marlene nahm sich vor, an einem Sonntagnachmittag einen hübschen Waldspaziergang mit ihr zu machen. Weil sie ja schließlich eine glückliche Familie waren. Sie verbargen ihre grünliche Haut unter einem Mantel und Tüchern, sobald sie jedoch das feuchte Holz und die Blätter roch, sprang Lilitree vor Freude in die Luft und zerrte an der Jacke und den Tüchern, die sie einschnürten. Sie rannte vom Weg herunter, und kurz darauf war sie im Gehölz schon nicht mehr zu sehen. Quinton hetzte hinter ihr her, und sie liefen zwischen Ananasbäumen hindurch. Er keuchte hinter ihr her, doch sie war nicht einzuholen. Sie war die Erste, die das leise, kehlig-raue Geräusch hörte. Doch trotzdem traf es sie unvorbereitet: Als sie um eine Biegung kam, stand sie vor einem riesigen Wasserguss, der aus dem Jenseits dessen herunterstürzte, was dem Auge sichtbar war – von hoch oben in den Wolken –, und war von diesem Anblick gefangen. Noch nie hatte sie so einen riesigen Wasserhahn zu Gesicht bekommen. Unfähig, dem Anblick zu widerstehen, hielt sie einen Augenblick inne und trank von der Gischt des Wasserfalls. Als sie Schritte hörte, drehte sie sich um und rannte fort, doch Quinton hatte sie bereits eingeholt und riss sie mit einem Sprung zu Boden wie ein Rugbyspieler. Sie überschlugen sich zwischen Moos und Steinen. In diesem Augenblick liebte er sie: Nie war ihm jemand liebenswerter erschienen. Er könne sie nicht lassen, gestand er ihr unter dem beharrlichen Geschwätz des Wasserfalls. Sie bettelte und flehte ihn an, im Wald bei den anderen Bäumen und dem riesigen Wasserhahn bleiben zu dürfen. Auf seinen Armen trug er sie zum Auto zurück, und Marlene fuhr sie nach Hause. Auf dem Weg in den rastlosen Vorort beherrschte sie alle ein Gefühl der Enttäuschung.

Lilitree konnte den Wald nicht mehr vergessen. Mit einem Mal war ihr der winzige, schlammige Hinterhof zu klein geworden. Von jenseits der brüchigen Mauern drang das ferne Flüstern der Bäume zu ihr, und sie vernahm den Ruf der See, die sie doch noch nie erblickt hatte. Sie konnte nur noch daran denken, wie das Wasser aus der Quelle in den Bergen gestürzt war, und verlor den Geschmack am Wasserhahn im Hof.

Auch Marlene träumte vom Wald. Aber sie träumte davon, wie Lilitree von Stachelschweinen gefressen wurde, sie träumte vom ekligen Geruch nach moderndem Holz, von Blitzen, die mit ihren gespreizten Fingern Glieder vom Körper trennten, und vom langsamen Tod unter den Kiefern der Ameisen. In ihren Träumen versuchte sie zu helfen: Sie eilte mit einem Korb voll Süßigkeiten und je einer Flasche Milch und Gin dem Wald entgegen. Doch sie erreichte ihn nie.

Unter dem Wassermangel nahm Lilitrees Haut einen grauen Schimmer an, und ihre Finger verblichen zu einem schwachen Gelb. Ihr geschmeidiger Gang wurde langsamer, und ihre Bewegungen verkamen zu einem arthritischen Knirschen.

Quinton lauerte, nur zu bereit, alles zu tun, was sie sich wünschte. Mit Ausnahme des einen, das sie von ihm erbeten hatte.

„Du wärst dort nicht sicher", machte er ihr gegenüber geltend. Dann fügte er anmaßend hinzu: „Schließlich bin ich für dich verantwortlich."

Sie hörte auf, das faulende Gemüse vom Kompost zu essen. Sie duckte sich, wenn Quinton sie mit dem Gartenschlauch abspritzen wollte.

„Lass mich dahin zurückgehen", flehte sie erneut. Doch Quinton vermochte es nicht.

Lilitree welkte. Ihr Gesicht überzog sich mit kaum wahrnehmbaren konzentrischen Ringen, die sich nach und nach vertieften, als würden sie ihr eingemeißelt. An dem Tag, an dem sie es nicht mehr vermochte, die schweren Wäschesäcke hochzuheben, richtete sie sich während des Waschens der Unterwäsche auf, weil sie unter Schmerzen litt, die sie noch nie gespürt hatte. Sie ging hinaus und legte sich unter den Cabbagetree, barg ihren Leib zwischen seinen Wurzeln. Dort blieb sie, ihre Haut wurde zu einem silbrigen Braun, und über ihr rauschten die Blätter.

Sie sprachen niemals über sie. Später vergaßen sie sogar, dass sie fast ein Jahr lang eine Baumfrau gekannt und sogar geliebt hatten. Ihre Kinder, die im Garten unter den beiden Cabbagetrees spielten, kannten nur eine vage Geschichte davon, dass Quinton einst den Silberbogen aus dem Wald gebracht hatte und bald danach der zweite Baum aus seinem Stamm gesprossen war.

Phaswane Mpe

Leratos Albtraum

In der Bar war es nicht besonders hell. Das Deckenlicht war ausgeschaltet. Der Fernsehschirm spendete das einzige Licht im Raum. Dicht vor dem Fernseher hockte Lerato mit zwei Kommilitonen. Jack stand hinter dem Tresen, verkaufte Bier und sah von dorther ebenfalls fern. Sie stritten darüber, wer bei dem Rugbymatch der Spieler des Tages war.

Refentse kam herein und begrüßte alle mit gewohnter Fröhlichkeit. Lerato musste nicht erst den Bierdunst riechen, der seinem Atem entströmte, um zu wissen, dass er leicht angeheitert war. Angeheitert, wohlgemerkt, denn sich als betrunken zu bezeichnen, das würde Refentse nie tun. Die beiden neckten einander ein wenig. Dann ging Refentse zu Jack hinüber. Leratos Augen wanderten zum Fernseher zurück. Ihre Ohren aber teilten ihre Aufmerksamkeit zwischen dem Fernsehton und Refentses Stimme, der Stimme, die sie heimlich in ihrem Herzen barg.

„Zwei Paletten Dosenbier, bitte", sagte Refentse. Jack fragte ihn, was es zu feiern gebe.

„Weil wir gewonnen haben, Bruder! Das ist es. Die Neuseeländer haben geglaubt, dass ihnen beim Rugby keiner das Wasser reichen kann. Aber wir haben gewonnen!"

Lerato musste lächeln, als sie hörte, wie Refentse ein Loblied darauf anstimmte, dass die Springboks Weltmeister geworden waren. Sie wusste, dass Refentse sich nicht viel aus Sport machte und aus Rugby schon gar nicht. Seine Eloge konnte nur ein Scherz sein; dass sie als überflüssige Begründung dafür herhalten musste, so viel Lager in sich hineinzuschütten, erhöhte den Witz.

Lerato hegte nicht den geringsten Zweifel, dass Refentse sowieso Unmengen Bier gekauft hätte. Damals, als sie sich kennen gelernt hatten, in ihrer beider erstem Studienjahr an der Universität, hatte Lerato sich oft gefragt, wann Refentse wohl seine Studienarbeiten erledigte, wo er doch so viel in sich hineingoss. Sie bemerkte, dass er sich Bier kaufte und es trank, während er die Nase in seine Studienbücher steckte. Anders als die meisten Studenten, die sie kannte und die solchen Wässerchen verfallen waren, hatte Refentse jedoch nie eine Hausarbeit zu spät abgegeben.

„Zeitmanagement!", hatte er gemeint, als sie ihm vorhielt, dass Bücher und Bier nicht unbedingt zueinander passten.

Jetzt, in der Bar, war ihr sonnenklar, dass Refentse wahrscheinlich nur aus einen einzigen Grund Bier kaufte: um sich die Zeit zu versüßen, die er über der bald fälligen Hausarbeit sitzen würde. Rugby stellte mit Sicherheit keinen Anlass dar, ihn von seiner Arbeit abzuhalten.

Als Refentse sich umwandte und gehen wollte, sah er sich einer Gewehrmündung gegenüber, und dahinter tauchte eine Bataklava auf, die ein Gesicht verbarg.

„Hinlegen!"

Jack, Lerato und die beiden Studenten warfen sich unverzüglich der Länge nach hin. Refentse blieb stehen. Leratos Herz setzte ein, zwei Schläge aus. Sie wollte rufen: „Refentse!"

„Komm weg hinter dem Tresen!" Der Befehl schoss hinter der Bataklava hervor.

Und zu Refentse: „Hinlegen!“

Langsam rückte die Bataklava gegen Refentse vor. In dem Augenblick, als der zweite Befehl durch die Lippen zischte, tauchte in der leicht geöffneten Tür eine zweite Bataklava auf. Sie trat ein wenig zur Seite, um einer dritten Platz zu machen, und richtete ebenfalls das Gewehr auf die Gäste in der Bar. Der dritte Eindringling zog sich augenblicklich wieder zurück und schloss leise die Tür hinter sich.

Der erste Eindringling rückte immer noch Schritt um Schritt gegen Refentse vor. Verschwommen konnte Lerato den Umriss des Gewehrs ausmachen, das auf ihren besten Freund an der Universität gerichtet war, der eigentlich längst ihr Liebster hätte sein können. Wenn er denn entsprechende Schritte unternommen hätte. Seit langem schon wünschte Lerato sich, dass er es täte. Je eher, desto besser.

Der Mann kam näher. Die Angst ließ vor Leratos geistigem Auge ein Bild aufsteigen, wie ihr Freund von seiner eigenen Starrköpfigkeit ins Grab gebracht wurde. Sie hörte Stimmen, die das bekannte Begräbnislied sangen: *Hier auf dieser Welt sind wir nur auf Zeit.*

Refentse hatte oft mit ihr darüber geredet, wie wichtig Starrköpfigkeit wäre. Zum ersten Mal hatte er das Thema angeschnitten, nachdem sie von ihrem Dozenten im Seminar eingeschüchtert worden war. Daraufhin hatte sie überlegt, ob sie das Seminar nicht besser an den Nagel hängen sollte. Sie wollte den Rest des Trimesters zu Hause verbringen und sich darüber klar werden, ob ihr der Abschluss so wichtig war, dass sie sich dafür den üblen Launen eines Dozenten aussetzen mochte. Sie hätte die Universität verlassen, hätte Refentse ihr nicht beigebracht, was Selbstrespekt bedeutet und dass man niemanden auf sich herumtrampeln lassen darf.

Nach einem langen Vortrag, in dem er viele Beispiele anführte, wie Menschen an den achtlosen Bemerkungen ihrer Vorgesetzten fast kaputt gegangen wären und manche tatsächlich aufgegeben hatten, schloss Refentse mit den Worten: „Wenn du abbrichst, dann kannst du sicher sein, dass Dr. Lewis' Meinung, du wärst nicht für die Universität geeignet, für immer bestehen bleibt."

Er hatte ihr das Versprechen abgenommen, sich selbst zu beweisen, dass sie mehr wert war, als ein Dr. Lewis je erkennen konnte.

Als sie aber jetzt auf dem Teppichboden lag, konnte sie sich gar nicht dazu durchringen, zu glauben, man müsse es, wie Refentse es gerade tat, mit der Starrköpfigkeit bis über alle Grenzen treiben. Sie richtete sich ein wenig auf, erwog, sich vorzubeugen und Refentse auf den Boden herunterzuziehen, fragte sich, was wohl im Kopf des Mannes mit der Bataklava vor sich gehen mochte. Schlaglichtartig schossen ihr Bilder von ihrer armen Freundin durch den Kopf, die bei einem Albtraum, der als Autodiebstahl seinen Anfang genommen hatte, vergewaltigt worden war. Die Bilder mischten sich auf grausame Weise mit der Vorstellung, wie Refentses Leichnam ausgestreckt dalag und die trauervollen Töne des Liedes *Hier auf dieser Welt sind wir nur auf Zeit* erklangen.

Sie blieb liegen, presste sich an den Teppichboden. Klaustrophobie erstickte ihr Bestreben, Refentse zuzurufen, er sollte sich so verhalten wie alle.

Der Mann mit der Bataklava kam näher.

„Strapaziert nicht meine Geduld ... ‚Hinlegen', hab ich gesagt!"

Die Stimme jagte ihr einen Schauder über den Rücken. Gleichzeitig spürte sie, wie kalter Schweiß das Tal zwischen ihren Brüsten hinunterrann.

Refentse schien wieder bei Sinnen zu sein, auch wenn das nicht so schnell vonstatten gegangen war, wie Lerato es sich gewünscht hätte. Nicht so wie bei Jack, der sich sofort auf die kalten Fußbodenfliesen geworfen hatte. Refentse kam zu dem Bereich mit dem Teppichboden herüber, wo Lerato und die anderen lagen. Leratos Fantasien vom toten Refentse und Männern in Bataklavas, die ihren Freund bestiegen, wurden von Sekunde zu Sekunde deutlicher. Die beklemmende Logik ihrer Vorstellungskraft zwang sie dazu, sich selbst an der Stelle ihres Freundes zu sehen, der von der Gang vergewaltigt wurde.

„Wo ist Jack?"

„Hier." Jacks Stimme war kaum vernehmbar.

Leratos Gedanken folgten den aggressiven Fragen und verängstigten Antworten. Sie grübelte über Jack nach. Unmöglich konnte Jack etwas getan haben, das den Tod durch Erschießen verdient hätte. Dabei spielte nicht nur eine Rolle, dass er eine gute Seele war und Lerato es deswegen nicht begriff. Nein, es war mehr. Aber, wie dem auch sein mochte, sie liebte Refentse viel zu sehr, als dass sie ihre Aufmerksamkeit allzu lange auf Jack richten konnte. Lerato sagte sich, Jack würde das erste Opfer sein. Damit würde ihm ein Glück zuteil, denn er müsste nicht den wachsenden Schmerz durchleben, auf den eigenen Tod zu warten und vorher noch andere sterben zu sehen. Danach wäre Refentse an der Reihe. Oder die beiden Jungs, die rechts und links neben ihr auf dem Teppichboden lagen.

„Wo sind die Autoschlüssel?"

„Hier." Wieder war die Antwort kaum zu hören.

„Wirf sie vor dich!"

An Wochenenden benutzte Jack ab und zu das Auto, um Bier aus der Brauerei in die Parktown Village Bar zu transportieren. Bei diesen Gelegenheiten machte er mitunter auch einen Abstecher zu seiner Freundin. Und oft brachte er sie ins Village mit. Um ihretwillen war Lerato froh, dass sie diesmal nicht mit von der Partie war.

Jack warf die Autoschlüssel vor sich, schob sie in Richtung des Räubers. Der zweite Räuber hob sie auf. Er hatte den Eindruck, dass die Studenten völlig harmlos waren, sagte barsch zu seinem Gefährten: „Halt hier Ordnung!" und ging hinaus.

Der Angesprochene blieb zurück. Jack regte sich ein wenig, um sich so bequem zu legen, wie es in dieser Situation möglich war. Sofort zeigte die Gewehrmündung in seine Richtung.

Lerato schloss die Augen und öffnete sie genauso schnell wieder. Sie musste husten. Ein unterdrücktes Hüsteln, von dem sie hoffte, dass es den Mann nicht verunsicherte. Sie konnte unmöglich verdrängen, dass sie die einzige Frau in der Bar war. Sie sah, wie sich ihr Bild in die Zeitungen des nächsten Tages und die Überschriften der Fernsehnachrichten drängte. Sie lauschte den quälenden Echos in ihrem Kopf, Stimmen von Leuten auf der Straße. Sie sangen *Amabokoboko aya phumelela …*

Dann wies die Gewehrmündung auf Refentse. Wieder schloss Lerato hastig die Augen. Sie spürte einen heftigen Stich. Er schmerzte, wie sie es sich niemals hätte vorstellen können. Refentses unmittelbar bevorstehender Tod schwor bittere Selbstvorwürfe in ihr herauf. Sie hatte der Feigheit gestattet, in ihrem Herzen zu herrschen. Sie hätte Refentse gestehen können, wie sehr sie ihn liebte. Aber sie hatte sich von dem Gedanken überwältigen lassen, dass die Leute, wenn sie erführen, dass sie die ersten Schritte zu dieser Liebe getan hatte, sagen könnten, sie wäre eine Hure. Jetzt, in dem bruchstückhaften, quälenden Rückblick auf ihr eigenes Leben und ihre Beziehung zu Refentse, fragte sie sich, während sie ausgestreckt auf dem Teppichboden dalag, ob die Hurerei nicht vielmehr in ihrem Versagen zu suchen war, ihre tiefe Leidenschaft vorbehaltlos den Ohren des geliebten Mannes anzuvertrauen.

„Schalt den Mist ab!" Diesmal wies die Gewehrmündung auf den Fernseher.

Refentse erhob sich bedächtig. Dass er sich so langsam bewegte, ließ seinen Tod in Leratos Vorstellung zur Gewissheit werden. Er schaltete den Fernseher aus. Von dem matten Lichtschein geleitet, der von der Straße her in den Raum fiel, kehrte er zu seinem Platz zurück.

„Nicht dahin, du unverschämter Bastard! Komm hier rüber!"

Refentse stand auf. Er legte sich wieder hin, direkt zu Füßen seines Peinigers. Lerato verlor fast das Bewusstsein, als sie sah, wie sich die Gewehrmündung auf Refentses Schädel richtete. Der Bewaffnete tastete sich rückwärts bis zum Fenster. Ganz leicht lüpfte er eine Ecke der Gardine. Dann kam er wieder näher. Diesmal wandte er sich an Jack.

„Zieh den Scheiß da drüben raus!" – und zeigte mit dem Gewehr auf das Telefon an der Bar. Mit aller Kraft zog Jack den Hörer heraus, in so einem mächtigen Ruck, dass er die Telefonschnur und den Hörer in der Hand hielt, das Telefon aber an seinem Platz stehen blieb.

Lerato musste erneut husten, wieder ein unterdrücktes Hüsteln. Sie wartete auf den Schuss. Doch ebenso beängstigend war der Gedanke, dass sie ihr mit Sicherheit etwas antun würden, bevor dieser Schuss fiel. Der Peiniger ging wieder zurück zum Fenster und hob die Gardine an, doch was immer draußen vor sich ging, geschah nicht gerade schnell.

Er kehrte an seinen alten Platz zurück und öffnete eine von den Bierdosen, die Refentse gekauft hatte.

Die Tür öffnete sich einen Spalt breit. Irgendetwas wurde hereingeworfen. Der Mann hob es auf. Es schien eine Art Signal zu sein.

„Ihr bleibt, wo ihr seid, bis ich zurückkomme. Was jeden Augenblick passieren kann! Eine falsche Bewegung, und ich mach Hackfleisch aus euch. Zum Beweis für die anderen, dass ich nicht aus Jux und Tollerei hier bin."

Er ging hinaus, kam aber sofort wieder zurück, bevor Lerato Refentse noch zuflüstern konnte, er solle sich an die Befehle halten, und sei es nur um ihretwillen.

Anscheinend war der Mann mit ihrem Verhalten zufrieden.

„Brave Studenten!", stellte er bei seiner Rückkehr fest. „Ihr braucht keine Angst zu haben. Solange ihr nicht mit faulen Tricks kommt, passiert euch nichts. Wir sind nur wegen des Autos von der Universität hier. Also seid brave Studenten. Sterbt nicht für Dinge, die euch nicht gehören. Wir wollen nur das Auto, das den Weißen gehört. Oder ist hier etwa ein weißer Student?", fragte er rhetorisch.

Lerato fühlte sich noch unbehaglicher. Ihre männlichen Kommilitonen mochten zwar nicht erschossen werden, doch in den Worten des Mannes hallte wider, was der Anfang der Vergewaltigung ihrer Freundin gewesen war. Sie sah vor sich, wie die Schändung ihrer Freundin im Wohnheim vonstatten gegangen war, das sie immer für sicher gehalten hatte. Oder zumindest für viel sicherer als die Straßen in Alexandra, ihrer Township. Jetzt musste sie sich eingestehen, dass Gewehre überall in Anschlag gebracht werden konnten.

Lerato konnte den Klumpen, der ihr in der Kehle saß und das Atmen fast unmöglich machte, nicht herunterschlucken.

Patrick Cairns
Tjippie

Hallo, *laaitie*! Hallo! Hallo du! Hallo! Hej! Hej, wie stehts? Wie stehts, Mann, wie gehts dir?

Tut mir Leid, wenn ich dich einfach so auffer Straße anhalt, aba ich hab gesehn, wie du grade vorbeigegangn bist, un da dacht ich, du bist so'n Typ, wo meine Lage vastehn kann.

Nee, Mann, ich will dich nich um Geld nich angehn. Ich will bloß mit dir redn. Glaubstu, bloß weil ich so ausseh, muss ich gleich'n Bettla sein, wo dich um Knete angeht, hej? Bin nich so eina. Hast ja Recht, ich bin'n Bettla, aba ich bin auf Geld nich aus. Will nich mal dein Kleingeld nich. Guck, ich hab ne Flasche Sherry bei. Mehr brauch ich nich. Ich werd dich nich wegn Geld angehn.

Danke, Mann, danke. Ich seh, bist'n netta Junge. N starka, netta Junge, wo weiß, was Sache is, hej? Un gut gefüttat siehstu aus! Deine Mutta vasorgt dich gut, hej? Ich wett, bei der kriegstu Fisch un Chips. Das is *lekker*, hej. Fisch un Chips mag ich auch. Na ja, war mal, jetz ess ich das nich mehr. Hab bloß noch mein' Sherry. Mehr nich.

Hej, komm her, rutsch mal'n bisschen ran. Setz dich mal her zu mir, nur für'n bisschen. Weißtu, ich hab grad alle möglichen Gedankn in mei'm Kopf un muss mit jemand redn. Ich brauch mal'n Freund, *laaitie*.

Hej, nee, nu bleib mal. Tu nich so, als wolltstu gehn, Mann. Hej, komm her! Das is nich nett nich. Ich bin'n alta Mann, un ich will bloß mit dir redn. Hastu Angst oda was? Sieh mich an, ich kann nich mal ne Flasche Marmite vaschreckn, Mann. Ich bin nich gefährlich, un ich will kein Geld nich von dir. Ich brauch nix nich. Hör dir bloß mal die Geschichte an, un dann kannstu gehn. Kannstu dann nach Hause zu dein' Fisch un Chips. Un vielleicht gibt dir Mutta auch noch Käse dazu. Kann sein, aba ich hab Käse gern gehabt, hej. Hab jedn Tag Käse mit Brot gegessen, Brot mit Käse. Aba jetz leb ich nur noch vom Sherry. Das is alles. Hab kein Geld nich, mir Käse zu kaufn.

Nee Mann, ich werd dich nich wegn Geld für Käse fragn! Ich erzähl's ja bloß. Ich sag bloß, dass ich Käse mag. Komm schon, komm her. Tu nich so, als wolltstu weglaufn. Machst mich ganz durch'nanda, Mann. Imma wenn ich denk, da hab ich jetz'n Freund, vasuchstu wegzulaufn.

Ich will doch bloß, dass du mir'n bisschen zuhörst. Ich will dir ne Geschichte erzähln, von mei'm Freund Tjippie. Komm hier rüba zu mir, un hör dir an, was ich erzähln will. Ich weiß, man kann nich imma alles glaubn, was man so hört, aba das is ganz wahr. Kein Ulk nich un keine Vaarschung nich.

Ja, so is gut. Das is bessa. Komm her, un setz dich nebn mich. Ich rutsch mal'n Stückchn zur Seite. Pass bloß auf wegn der Flasche da, damit du dir nich'n Hintan aufschneidst oda sonst was. Ich hab keine Ahnung nich von CPR oda ersta Hilfe, hej. Un bis zum Krankenhaus isses ziemlich weit.

So is gut. Mach dirs einfach bequem. Willstu'n Schluck Sherry? Nee, natürlich nich, bistu zu jung für. Un ich seh, bist kein Trinka nich.

Aba jetz will ich dir die Geschichte erzähln, Mann.

Manchmal kann ich sie selba nich glaubn nich, aba sie is wahr. Ich frag mich selba imma wieda, Bossie, is das wirklich wahr? Un dann muss ich mich imma zwickn, so. Genau so, un dann weiß ich, es is wahr.

Weißtu, mein Freund Tjippie, der is'n guta Kerl. Die ganze Zeit üba warn wir imma zusamm'. Wenn er ne Flasche gekauft hat, dann wars so, als ob ich die Flasche auch gekauft hab, weil er sie mit mir geteilt hat, als wenn sie ihn nix kostn würd un er sich jedazeit ne neue besorgn könnt. (Hej, manchmal hat sie ihn auch nix gekostet, aba ich will nix Schlechtes nich üba'n alten Tjippie sagn.) Un mit mir wars genauso. Wenn ich was kaufe, gehörts ihm genauso wie mir. Warn wie Brüda, wir beidn, hattn nur andre Familiennam'. Sein Familienname is Adams, un meina is Jantjies. Aba wir warn trotzdem wie Brüda.

Wir ha'm auch zusamm' geschlafn. Ich mein nich so ... ach, das vastehstu sowieso nich. Ich mein bloß, dass wir am selbn Ort geschlafn ha'm. Guck dirs mal an, da hinta'm Speicha, da gibts ne *lekker* kleine Stelle, wo wir imma geschlafn ha'm. Ja, ich merk schon, dasstu denkst, das is nich so toll, aba es is ganz hübsch dort, *laaitie*. Warm im Winta, kühl im Somma. Wir ha'm da so gut reingepasst wie zwei Sardinen inne Büchse. Un manchmal ha'm wir sogar'n Lakn gefunden, un das ha'm wir uns ne Nacht lang geteilt, manchmal sogar für zwei Nächte, bevor wirs an Ol' John vakauft un für uns Sherry geholt ha'm.

Hej, diesa Ol' John, der kauft alles, Mann. Könnt dir Geschichtn azähln üba den. Er lebt wie wir, hej, wie'n Bettla, aba der hat Kohle, Mann. Un nich etwa südafrikanische Rand – amerikanische Dollar! Er behauptet, sein Bruda schickt sie ihm aus Übasee, aba das glaub ich nich. Ich denk, der is'n Alien, denn natürlich musstu als Alien, wenn du auffe Erde kommst, Dollars dabeihabn. Rands sind ja nix wert nich, aba Dollars, das is was Wahres, Mann! Er lebt'n paar Straßn weita runta. Irgendwann könn' wir, du un ich, da mal hingehn un ihn besuchn, weil der imma ne Flasche da hat oder auch zwei, wo er dann teiln kann.

Aba ich will dir ja üba Tjippie erzähln, nich von Ol' John. Tjippie is so'n *lekker* Typ, Mann. Wie wir noch zusammengelebt ha'm, hat er imma üba so unheimlich vanünftige Dinge geredet. So was wie Philosophie oda Politik. Da glaubstu gar nich, dass so'n Bettla wie Tjippie so'ne Sachn weiß. Wie wir zum Beispiel so an ei'm Tag vor nem Schnapsladn stehn, da guckt er mich an un sagt: „Bossie, stell dir mal vor, wir wärn so kommunistisch wie die rotn Lända. Dann gäbs den Sherry für umsonst."

„Was willstu'n damit sagn?", frag ich ihn.

„Die ha'm ne ganz einfache Regel im Kommunismus: jedem nach sein' Bedürfnissn un jeda nach sein' Fähigkeitn. Un du un ich, wo wir schon so lange auffer Straße gelebt ha'm, wir könn' nix machen nich, aba'n Sherry brauchn wir. Also kriegn wir unsan Sherry für umsonst un lebn trotzdem noch so, wie wirs wolln. Das wär für uns das Beste."

Hej, das isn Schlaua, mein Freund, hej. Der weiß imma genau, was das Beste is. Un deswegn is er auch nich mehr hier nich. Brauchst dich ja bloß mal umsehn – kannst ihn nirgendwo entdeckn, stimmts, *laaitie*? Un das is, weil er nich hier is. Un willstu wissn, wo er is? Ich denk, das errätstu nie!

Nee, der is nich im Knast nich! Kriegst gleich'n *klap*, wenn du denkst, du kannst so was von mei'm Freund Tjippie sagn! Hast Glück, dass ich dich nich davonjag nich, Mann!

Nee, nee, nu geh doch nich! Ich mach doch nur Spaß, *laaitie*! Nur Spaß. Bist'n guta Junge, un ich weiß doch, dass du so was nich mit Absicht sagst. Ich vapass dir kein' *klap* nich, also setz dich hin, un wir redn noch'n bisschen. Setz dich wieda nebn mich. Gut so. Bist'n guta Junge, hej. Erinnast mich sogar an mein' Freund Tjippie. Ich seh schon, dass du mal so werdn wirst, wie er is.

Aba ich wollt dir was erzähln, hej. Ich wollt dir sagn, warum Tjippie nich mehr hier is. Hab ihn nich mehr gesehn nich, seit zwei Wochen rum sind. Außa heute Morgn. Heute Morgn hab ich ihn zum erstn Mal seit zwei Wochn gesehn! Kannstu dir so was übahaupt vorstelln? Seh mein bestn Freund nur einmal in ganze zwei Wochn un weiß nich mal, wann ich ihn das nächste Mal sehn werd. Vielleicht nie mehr. Weil er nämlich jetz aufgestiegn is, hej. Er is nich mehr auffer Straße.

Un das war so. Vor zwei Wochn isses passiert, wie wir die Straße runta sind un ha'm uns wie imma nur um unsan Kram gekümmat. Manchmal bittn wir um zwei Rand oder fünf, aba die meiste Zeit sind wir nur gelaufn. An dem Tag hattn wir nich mal mehr Sherry nich, deshalb ha'm wir nich viel geredet. Un dann komm' wir an diese Straße, üba die wir rüba wolln, weil wir auf diesa Seite sind un auffer andern sein wolln. Also gehn wir rüba, un dann kommt plötzlich dies Auto, n schönes Auto, Mann, leuchtet ganz rot – ich schwör dir, es war'n Farari oda so'n Lamborghini – also das Auto kommt um die Ecke gesaust. So was hastu noch nich gesehn nich, *laaitie*. Wir gehn einfach so üba die Straße, un im nächstn Augenblick springn wir um unsa Lebn un schrein!

Un ich habs geschafft. Es is'n Wunda, weil ich nich mal nich weiß, wie ichs gemacht hab! Selbst heute noch nich, ich kann dir nich sagn, ob ich getaucht bin oda gesprungn oda gerannt oda vielleicht sogar geflogn, wo ichs doch nich weiß nich. Tjippie aba, der hats nich geschafft. Un das war vielleicht das richtige Wunda – dass er von dem Auto übafahrn wordn is. Natürlich, so'n Wunda is nich imma leicht zu erkenn', un in dem Augenblick hab ich auch nich gedacht, dasses'n Wunda is, weil mein Freund Tjippie einfach so da auffer Erde lag un stöhnte, weil sein Bein gebrochn war, un gejammat hat wien Typ, wo die Freundin fortgelaufn is.

Hej, ich hab auch mal ne Freundin gehabt, *laaitie*. War so ne *lekker* Kirsche. Rund übaall, un so'n Hintan wie die Mädchn, wo du in die Zeitschriftn sehen kannst. Aba jetz isse weg, un mir bleibt bloß noch der Sherry. Mehr nich.

Aba ich will dir weita von Tjippie erzähln, Mann! Also, das Auto hält an, un so'n Kerl steigt aus. Der war smart, hej – lief rum wie so'n Typ, wo ich ausm Kino kenn, mit schwarzm Anzug un goldnen Ringen un Kettn un allem. Hat schwarzes Haar, das klebt ihm so fest am Kopf, als hätts jemand aufgebügelt, un nen dünn' Schnurrbart direkt üba der Obalippe. Un dann steigt diesa andre Kerl auffer andren Seite aus'm Auto, un an dem baumelt auch so viel Gold rum, als würds ihm aus'n Fingan wachsn. Hat außadem goldne Ohrringe. Un diesa Kerl warn Riese, hej, der war groß wie'n Schwergewichtsboxa, un richtig gemein sah er aus. Zuerst hab ich gedacht, der wird uns anschrein, Tjippie un mich, weil wir ihn' im Weg warn, wo er langfahrn wollte, aba er hat garnix gesagt zu mei'm Freund un mir. Un so hab ich imma noch nich geahnt nich, dass ich'n Wunda seh.

Un dann sieht der kleinere Kerl den größeren Typn an un sagt was zu dem in eina Sprache, wo ich noch niemals nich gehört hab. Ich hab gedacht, es is vielleicht portugicsisch, weil ich mal'n paar Portugiesn gesehn hab, un die zwei sahn'n bisschen so aus wie die. Die beidn redn un redn also un zeign auf mich un Tjippie, un der große Kerl sieht gemeingefährlich aus wie'n Bulle mit'm Dorn in sei'm Hintan. Ich dacht schon, der will mich vahaun, *laaitie*. Hat er aba nich, hej. Weißtu, was er stattdessn gemacht hat? Er hört einfach auf mit redn un hebt Tjippie hoch un vafrachtet ihn ins Auto, un die beidn fahrn fort un lassn mich allein zurück.

Ja, ich weiß, das kannstu nich glaubn. Is ja auch varrückt! Man kann sich gar nich vorstelln, dass so was übahaupt passiern kann. Aba ich erzähls dir genau so, wie ichs gesehn hab. Die ha'm Tjippie einfach ins Auto gesteckt un sind weggefahrn. Mich haben sie einfach so zurückgelassn.

Was soll ich also machn, hej? Eina wie ich, un der hat grade gesehn, wie sie sein' bestn Freund mitgenomm' ha'm wie was von Bonny's Best Buy im Supamarkt, aba was soll ich machn? Nix, Mann. Gar nix kann ich machn.

Das Gute dran war bloß, dass Tjippie un ich an dem Morgn'n bisschen Geld gesammelt hattn. Un zum Glück hatt ich das Geld in meina Tasche, un es war nich in seina Hosntasche. Es warn bloß'n paar Rand, reichte nich mal für ne ganze Flasche, un so bin ich zu Ol' John un hab'n paar Becha Sherry gekauft. Diesa Ol' John der, bei dem kannstu übahaupt fast alles kaufn. Der hat alles da, un billig dazu. Manchmal glaub ich, der will gar kein Profit nich machn. Deswegn glaub ich ja auch, dasser'n Alien is, weil er von menschlichn Geschäftn keine Ahnung nich hat, hej. Ich sag ihm imma wieda: „Ol' John, wenn du Geld vadien' willst, musstu auf dein Zeug'n Gewinn draufschlagn." Aba er schüttelt bloß den Kopf un sagt, dasser das Geld nich braucht. „Wenn ich Geld brauchte", sagt er, „würd ich mir eine Arbeit suchn." Un wir schüttn uns imma aus vor Lachn, wenn er das sagt, weil wir genau wissn, dasses gar keine Arbeit nich gibt.

Ich hab aba'n bisschen Sherry von Ol' John gekriegt, un

dann setz ich mich hin un denk nach. Un ich trink, klar. Denkn un Trinkn – hastus gemerkt, das reimt sich, *laaitie*. Ich bin'n richtiga Dichta, hej. Ob dus glaubst oda nich, ich hab mal Gedichte geschriebn. Jetz schreib ich gar nix mehr nich. Ich trink nur noch Sherry. Das isses. Un da saß ich also beim Trinkn un Denkn (der Reim gefällt dir, hej?) un dachte bei mir: „Bossie, das könnt was Ernstes sein. Diese Kerle könntn gefährlich sein, un wer weiß, was sie Tjippie alles antun."

Aba ich weiß natürlich, dass Tjippie smart is, hej. Der kann denkn wie ne Rasiaklinge – scharf un gefährlich. Der kann auf sich aufpassen. Un übahaupt, ich weiß ja nichmal nich, wer die Kerle warn oda wo sie herkomm' oda hingehn. Was soll ich also machn?

Meinstu etwa, ich könnt zu'n Bulln gehn? Wenn du das glaubst, musstu varrückt sein, *laaitie*, weil ich nich mal auf zwei Meta an ein' Cop nich rankomme, ohne dass der auf mich losgeht, Mann. Ich muss noch nich mal nich irgendwas anstelln, sogar wenn ich bloß mit mir selba beschäftigt bin un bloß'n paar Leute um Geld angeh, jagn mich die Bulln. Drum weiß ich, dass die mich un Tjippie nich mögn nich, un da würd es ihn' auch nix ausmachn, wenn die Kerle ihn mitgenomm' hättn, um ihn umzubringn.

Un ich hab keine Ahnung nich, was sie mit ihm anstelln würdn, hej. Als sie ihn ins Auto gepackt ha'm, sahn sie nich unbedingt böse aus nich. Sie ha'm nur miteinander geredet un ihn dann ins Auto gepackt, als wär er ne Kiste Wein. Weißtu, ich hab lange kein' Wein mehr getrunkn, *laaitie*. Ich mag Wein, hej. Rotn am liebstn. Hab ich imma zum Käse getrunkn. Wein un Käse. Käse un Wein. Heut aba hab ich kein' Wein und kein' Käse nich, hej. Ich trink nur Sherry. Mehr nich.

Aba die Kerle, wo Tjippie mitgenomm' ha'm, ich hab da

keine Ahnung, wozu. Ich hab gedacht, vielleicht vakaufn sie ihn als Sklavn. Weißt schon, wie inner Bibel. Da gibts die Geschichte von Joseph un sein' Brüdan. Joseph erzählt ihn' die ganze Zeit nur Schwachsinn, also vakaufn sie ihn einfach. Ich dachte, dass die Kerle das vielleicht vorhattn. Aba Tjippie hatte ihn' ja gar keinen Schwachsinn nich erzählt. Hat ja nur auffer Erde gelegn un gestöhnt.

Ich hab also keine Ahnung nich, was da passiert. Vielleicht wolltn sie ihn wegn sei'm Geld abmurksn. Hattn ein blitzendes Auto – nen rotn, glänzendn Lamborghini oder wars'n Porsche – un Unmengn Gold annen Fingan, also brauchtn sie Tjippies Geld eigentlich nich. Außadem hatte ich ja das Geld in meina Tasche, un Tjippie hatte nix. Aba das ha'm die ja vielleicht nich gewußt, hej?

Wie ich also beim Denkn un Trinkn bin (is derselbe Reim, hastus gemerkt, nur dass ich ihn umgedreht hab), komm ich zu dem Schluss, dasses nix gibt, was'n Mann da tun kann in so'ner Situation. Die Lage is ernst, das weiß ich, aba ich war mir sicha, dasses am besten war, ich bleib ganz fest auf mei'm Hintan sitzn. Ich hab mir übalegt, dass, wenn sie ihn in die Sklaverei vakaufn, vielleicht eines Tages jemand vasuchn würd, Tjippie an mich zu vakaufn, un dann kann ich ihn zurückkaufn. Ich hab gedacht, dasses so vielleicht am bestn wär. Müsste natürlich irgendwie das Geld auftreibn, aba kaufn würd ich ihn, hej. Tjippie isn guta Freund un'n netta Kerl, also würd ich ihn kaufn. Un ich wär ihm'n guta Herr, wenn er dann mein Sklave is. Er müsste mir nur die Schuhe putzn un mir die Läuse aus'm Sakko klaubn, denn ich hab ja schließlich kein Haus nich, wo geputzt werdn muss oda so was. Un ich würd ihn gut behandeln un ihm jedn Donnastagnachmittag frei gebn.

Trotzdem, ich hab die ganze Zeit nich geahnt, dass da'n

Wunda geschehn is. Wie ich mich gefragt hab, wo er is un ob er in Sichaheit is, is ihm'n Wunda passiert. Ich weiß, dass du wissn willst, was passiert is, *laaitie*, also werd ichs dir erzähln.

Ich hab lange auf Tjippie gewartet, hej. Zwei Wochn, dann erst hab ich ihn wiedagesehn. Un das war heute Morgn. Ich weiß, es is varrückt wie'n Feuawerk, aba es is wahr. Erst heute Morgn hab ich auf meina Bank im Park gesessn un gedacht, wenn Tjippie jetz hier wär, würd er was üba die Leute sagn, wo vorbeigehn. Besonders üba die dünne weiße Dame mit'n Dinohüftn, wo aussah, als wär sie obn un untn zusammengedrückt wordn un alles hätt sich in ihrm Hintan breitgemacht. Un, weisstu, im nächstn Augnblick seh ich so'n smartn Typn auf mich zukomm'. Zuerst hab ich geglaubt, das is vielleicht'n Bulle oda so'n Sozialarbeita, wo imma seine Nase in meine Angelegenheitn steckn muss, aba dann, wo der Typ näha kommt, erkenn ich, das is mein Freund Tjippie!

Ich weiß, *laaitie*, das kannstu nich glauben nich, aba es is wahr! Grade mal vor zwei Wochn noch trug mein Freund Tjippie'n altes braunes Sakko, älta un brauna sogar als meins, hej, un Schuhe, wo ihm viel zu groß warn. Un jetz is er angezogen wie'n Nachrichtnsprecha im Fernsehn!

„Tjippie", sag ich zu ihm. „Tjippie, bistus wirklich?"

„Ja", sagt er, „ich bins."

„Aba was is mit dir passiert, Mann?"

Un weißtu, was er zu mir sagt? Er sagt: „Was mir passiert is, is'n Wunda!"

Laaitie, du wirstes nich glaubn nich, aba Folgendes is mit den Typn im Auto passiert. Sie ha'm Tjippie genomm', ihn ins Auto geladn un sind mit ihm nach George gefahrn. Ja, das is varrückt, Mann! Den ganzn Weg üba hatter geklagt, dass sein Bein gebrochn is, aba die sind einfach weitagefahrn. Sie ha'm ihm sogar'n bisschen Brandy gegebn, damit es ihm bessa geht. Kannstu dir das vorstelln! Die ha'm ihm Brandy gegebn! Das allein is schon'n Wunda, wenn du mich fragst, hej.

Un wie sie nach George komm', bringn sie ihn ins Krankenhaus rein, un sie sagn zu den Krankenhausleutn: „Hej, wir ha'm hier'n Valetztn, helfn Sie ihm!" Un Tjippie sagt, die Leute sind übaall rumgerannt, um ihm zu helfn. Weiße Schwestan un schwarze Schwestan un braune Schwestan un sogar ne gelbe Schwesta, sagt er zu mir, un alle vasuchn sie, mei'm Freund Tjippie zu helfn. Er sagt, die ha'm sich nichmal nich um irgendein' andren im Krankenhaus gekümmat, nur um ihn. Un er weiß, das liegt an den zwei italienischn Typn, die wo bei ihm sind. Der Boxa un der andre Typ. Ihm wird klar, die müssn was Besondres sein, weil jeda sich Mühe gibt, sie glücklich zu machn.

Also untasuchen sie ihn im Krankenhaus, un dann sagn sie zu mei'm Freund Tjippie: „Ja, dein Bein is gebrochn, aba das is nich so schlimm. Wir machn ein' Gips drauf, das wird schon wieda." Also steckn sie ihn in ein' Gipsvaband, un dann issa auch schon raus aus'm Krankenhaus un mit den zwei Typn wieda im Porsche. Oder vielleicht wars auch so'n BMW, *laaitie*, wie in dem James-Bond-Film. Ja, ich hab mich ins Kino geschmuggelt, weil ich James Bond mag, hej. Ich mag James Bond sehr un hab mir früha imma seine Videos angesehn. Hab aba kein Video mehr. Jetz hab ich bloß noch den Sherry. Mehr nich.

Un du wirst nich glauben nich, was Tjippie weita passiert is, *laaitie*. Er kann sich bloß noch erinnan, dass die beidn Deutschn ihn zu diesem Gebäude in George schaffn. Ein Bürohaus, weisstu. Un sie bringn ihn in so'n großes Büro, wo so'n alta Mann hinta nem großn Schreibtisch sitzt. Mein

Freund Tjippie, er sagt, dass der alte Mann hart un böse aussah, hej. Als wenner ne Menge Sachn gesehn hat, wo nich so *lekker* sind. Un hinta ihm stehn zwei Typn, wo noch größa sind als der Boxa im BMW. Oder vielleicht wars auch ne rote Corvette. Ich hab nich viel Ahnung nich von Autos, *laaitie*, aba ich weiß so viel, dasses Auto ziemlich protzig war.

Egal, die zwei Typn stehn da, un Tjippie kann sehn, dass sie Waffn tragn, weil die unta den Sakkos vorguckn, hej. Mein Freund Tjippie, der is helle, *laaitie*, un der guckt sich das alles an un denkt sich, dass die Typn von der Geheimpolizei sein müssn. Kannstu das glaubn? Ich mach mir Sorgn, weil mein Tjippie von so'n paar gefährlichn Norwegan entführt wordn is oder so was, dabei isses die Geheimpolizei.

Ja, *laaitie*, das is ne varrückte Geschichte, hej? Übaleg bloß mal, wie das alles so nem Typn wie Tjippie passiern kann! An ei'm Tag is er'n ganz normala Kerl un am nächsten passiert ihm'n Wunda.

Der alte Mann also, der sieht sich Tjippie an un redet wieda in diesa Sprache. Tjippie sagt, das is nich mal ne Fremdsprache nich, sie is wie so'n Geheimcode. Nur die, wo zur Geheimpolizei gehörn, vastehen sie. Un der alte Mann un der kleine von denen, wo in der Corvette warn ... oder was für'n Auto das war ..., sie redn un redn, un Tjippie sitzt einfach da. Un dann sieht ihn der alte Mann plötzlich an un sagt: „Wissen Sie, wer wir sind?"

„Ja", antwortet Tjippie, „Sie sind von der Geheimpolizei." Un die lachn ihn aus, hej. Aba der alte Mann sagt: „Wenn Sie wolln, könn' Sie es so nenn'. Wolln Sie bei uns anfangn?" Un das is das eigentliche Wunda, weil der alte Tjippie niemals'n Job nich gchabt hat, hej, un jetz bietet ihm diesa alte Pole nen Job an, nur weil der Porsche ihn übafahrn hat! Kannstu dir das vorstelln, *laaitie*? Tjippie weiß nich mal nich, wie er irgendwas machn soll! Aba natürlich sind die Jungs inner Geheimpolizei helle, un sie erkenn', dass Tjippie mit alln Wassan gewaschn is, hej. Mein Freund Tjippie is'n Denka, un sie könn' sehn, dass er ihn' gut tun wird.

Also, Tjippie, er sagt, dass er gern Arbeit hätt, un so nehm' sie ihn zwei Wochen mit, damit sie ihn ausbildn. Sogar mit'm gebrochnen Bein bringn sie ihm bei, aus'm fahrendn Auto zu schießn, un was die beste Stelle is, wenn du jemand mit nem Baseballschläga prügeln willst. Sie bringn ihm sogar'n bisschen von dem Geheimcode bei. Es is anstrengend, aba Tjippie lernt schnell, das hab ich dir ja gesagt. Un dann nach zwei Wochn ruft der alte Mann ihn wieda in sein Büro un sagt ihm, dass er sich zwei Tage Urlaub nehmen kann un dann muss er zurück sein. Danach wird er vielleicht nie wieda Urlaub ha'm, sagt er. Un dann geschieht noch'n Wunda, weil er nämlich Tjippie 1000 Rand gibt, einfach so. Kannstu dir so viel Geld vorstelln, *laaitie*? 1000 Rand! Ich wett, nich mal Ol' John hat so viel, auch wenner Dollars hat.

Tjippie nimmt natürlich das Geld un kommt mich besuchn, mich, sein' altn Freund Bossie. Un er kommt an un hat diesen smartn Anzug an, hinkt noch mit dem gebrochnen Bein, weils noch nich ordentlich zusammengewachsn is, un er findet mich im Park. Den ganzen Morgen sitzt er hier mit mir un erzählt mir die Geschichte, un ich sitz genauso da wie du, weil ich gar nich glaubn kann, was er mir erzählt. Un dann, rat mal? Dann geschieht'n letztes Wunda, un diesmal geschieht es mir, *laaitie*. Er holt'n bisschen Bargeld außer Tasche un gibt mir 50 Krötn, einfach so! 50 Krötn!

„Bossie", sagt er, „ich weiß nich, wann mich die Polizei wieda gehn läßt. Vielleicht niemals nich, weil das is ne schwierige Arbeit. Un ganz geheim. Aba ich möcht, dass du das Geld nimmst un mich niemals nich vagisst."

Das hat er zu mir gesagt, *laaitie*. Mein alta Freund Tjippie, der war der beste Freund inner ganzen Welt für mich, gibt mir 50 Krötn un geht. Vielleicht seh ich ihn nie wieda, hej? Vielleicht issa weg für imma.

Ja, *laaitie*. Er is grade weg un zurück nach George. Also hab ich das Geld natürlich behaltn un bin zu Ol' John un hab mir'n bisschen Sherry besorgt, um zu feiern, weil ich mich so für ihn freu. Aba nich imma nimmt der Sherry dir auch allen Schmerz, *laaitie*. Er nimmt dir nich imma den Schmerz nich. Weil ich weiß, dass ich jetz allein bin, hej. Ich hab niemandn nich, der wo nebn mir schläft, mit dem ich mein' Sherry teiln kann, der sich um mich kümmat, wenn ich krank bin. Weil, Tjippie is jetz weg.

Ja, ich weiß. Ich muss nich traurig sein nich, denn was geschehn is, is'n Wunda. Is trotzdem schwer, hej. An ei'm Tag bistu noch mit'm Freund zusamm', un am nächstn isser weg. Einfach so ... einfach so ...

Ja, is in Ordnung, kannst jetz gehn, *laaitie*. Die Geschichte is aus. Wollts dir bloß erzähln, weil ichs irgendwie imma noch nich richtig glaubn kann nich. Muss mich zwickn, hej, nur um zu wissn, dasses stimmt.

Ja, is in Ordnung, *laaitie*. Danke, dass du hier bei mir gesessn hast. Bistn guta Junge, hej. Erinnast mich annen alten Tjippie. Wirst eines Tages sein wie er, so viel steht mal fest.

Hej! Hej, *laaitie*! Hab mir grade was übalegt. Vielleicht kann ich Tjippie ja'n Brief schreibn. Kann ihm'n Brief nach George schickn. Glaubstu, das is ne gute Idee, hej? Ha, dacht ich mir. Ja, das werd ich machn. Danke, *laaitie*. Danke.

Hej. Hör mal, *laaitie*. Hastu mal zwei Rand für ne Briefmarke?

Diane Awerbuck

Der Junge, der Türen öffnete

Diese Geschichte gehört Helge Lau, der interessiert sich für Zimt und das Überleben

In einer Sommernacht setzte ein Junge es sich in den Kopf, Türen auf die gestrengen Betonmauern an der linken Seite der Schnellstraße zu malen, die an dem Haus, in dem er wohnte, in weiten Kurven stadteinwärts führte. Wenn der Stadtrat die Fläche nicht nutzen wollte, würde er es eben tun. Er würde die Tür zu einer anderen Welt aufstoßen. (Er war ein ausgesprochen höflicher Junge: Seine Mutter hatte ihm gutes Benehmen beigebracht, und deshalb öffnete er immer allen die Türen. Das war die einfachste Sache dieser Welt, weshalb auch die nächste Welt überhaupt kein Problem darstellte.)

Er wartete die Dunkelheit ab; das erwies sich als gar nicht so einfach. Kapstadt ist unstet unsteter unstetest: Hier leben unzählige unhöfliche Menschen. Von der Art, die einem nicht die Tür aufhält. Von der Art, die erst nach Sonnenuntergang munter wird, von der Art, die nur Böses im Schilde führt und den Asphalt dampfen und aufkreischen lässt, wenn sie ihren eigenen Spuren zurück in die Hölle folgt. Und die Hölle ist langweilig – ganz schrecklich langweilig. Eben das ist es ja, was sie zur Hölle macht: Man kann ihr nicht entrinnen.

Der Junge verwendete nur zwei Farben – die elementarsten, die gegensätzlichsten Farben. Zum einen die Farbe, die alle anderen Farben der Welt in sich vereint. Und dann die, die alle anderen Farben der Welt in sich aufsaugt, so dass nichts zurückbleibt. Und er holte einen Pinsel aus der Garage.

Er lief zur Schnellstraße hinunter, aber er fuhr nicht in die Stadt. Der Junge malte vier Türen auf den Beton. Die waren höher als er, so dass er sich strecken musste, um sie so zu malen, dass sie für einen Mann normaler Größe hoch genug waren – damit alle die Möglichkeit hatten, durch die Türen zu treten. Die Türen führten nirgendwohin. Die Türen führten überallhin. Schließlich waren sie bloße Umrisse: Ein Tennisplatz war nicht schwerer zu zeichnen.

Zumindest die ersten drei Türen sahen so aus. Auffallend war aber, dass die vierte Tür anders aussah. Eine Klinke war auf die Tür gemalt, ein Drehknopf, weiß wie ein Albinobremslicht. Und die Tür stand offen. Der Junge hatte einen Anflug von Dunkelheit gemalt, der im Winkel zwischen dem, was wie die Vorderseite der Tür aussah, und dem Übrigen, das dahinter lag, aufschien.

Und dann ging er nach Hause, legte sich in sein Bett und schlief ein. Denn er hatte vollendet, weswegen er hergekommen war. Vorher wusch er aber noch den Pinsel aus. So einer war er.

Der Junge schlief, und die Türen blieben. Drei waren geschlossen. Eine schwang auf, sodass es den Anschein hatte, als bewegte sie sich ein wenig in ihren gemalten Angeln. Und dahinter könnte sich alles Mögliche verbergen, das ist dir doch klar, oder? Wie zum Beispiel der Schatten deines Morgenmantels an der Rückseite deiner Schlafzimmertür, wenn er an einem unheildrohenden Haken baumelt und in der Finsternis lauert, bis er sich in eine abscheuliche Silhouette verwandelt, die immer näher kommt, bis sie neben deinem Bett aufragt und sich über dich beugt.

Aber ganz bis zu dir heran ist sie nie gekommen, stimmt's? Denn bevor das geschieht, hast du doch schon angefangen zu flennen. Das heißt, wenn du ein Angsthase bist. Aber vielleicht hast du ja auch solche Eltern, die in dein Zimmer stürmen, sobald du schreist, die das Mutter-und-Vater-Radar auf die hohen Töne deines Elends abgestimmt haben. Und die Töne auf deiner Gespenstertonleiter werden immer höher, denn anders geht es nun mal nicht.

Wenn du aber ein tapferes Kind bist oder wenn du größeren Schiss vor deinen Eltern hast als vor dem Ding da hinter der Tür oder wenn du einfach zu den Kindern gehörst, die nicht darüber nachdenken wollen, welche Schwierigkeiten sie anderen Menschen bereiten, wenn sie um Hilfe rufen, dann leidest du still vor dich hin und wartest auf den Morgen, und das Gespensterding in seinem schrecklichen Gewand kriecht, sobald du dich einmal überwinden kannst, in seine Richtung zu blicken, ein paar Zentimeter näher heran.

Stickig heiß ist es da unter deiner Bettdecke: Kleinen Kindern kann niemand mehr etwas über die Hölle weismachen, weil sie die bereits erlebt haben. Im nächtlichen Angstschweiß und in der Seelenpein, wenn sie die Zähne so fest zusammenbeißen, dass es knackt, wenn sie sie schließlich wieder öffnen – doch nicht zu einem Schrei, sondern zum morgendlichen Zähneputzen –, und das Knacken hört sich an, als knackte das Gespenst hinter der Tür mit seinen Kiefern, denn ein Gespenst ist dieses Ding da in seinem Gewand, in seiner wallenden Robe, in der es mit Sicherheit modern und faulen muss.

Denn schließlich kannst du es riechen, oder? Es riecht wie morgendlicher Atem (ein wenig wie dein Atem, bevor du dir die Zähne geputzt hast). Wie die Vogelkinder, die mitunter aus den Bäumen fallen und auf dem Erdboden verfaulen, die Federn Splittern gleich und die Augen so gequetscht, dass sie aus den Höhlen quellen.

Und der ganze Gestank geht doch auch von dir aus, oder? Riecht wie Batteriesäure, wie der Atem der Gespensterbestie, auch wenn sie dich noch nicht angefasst hat, auch wenn sie überhaupt keinen Atem ausstoßen kann, ganz ganz sicher nicht, nicht mal Eingeweide besitzt, aus denen er sich hervorpressen ließe, keine Nahrung in Schlund oder Gedärm.

Doch irgendwie werden wir erwachsen. Die meisten von uns jedenfalls. Trotz gebrochener Knochen, trotz vergeigter Führerscheinprüfungen, Durchfällen und Windpocken und Lungenentzündungen. Ein paar aber schaffen es nicht. Und du weißt, wohin die kommen, oder? O ja, naklarnaklar. Sie werden Gespensterbestien und lauern in den Kinderzimmern der Nachgeborenen, die in ihren Betten schlafen, sie ächzen und winden sich an ihren Haken, befestigt an Kinderzimmertüren, sie ächzen und winden sich wie die Kinder unter ihren Bettdecken.

Nachdem er die Türen gemalt hatte, begab sich der Junge nach Hause. Er ging heim, wusch den Pinsel aus und schlief, und keine Gespensterbestien warteten auf ihn in jener Nacht. Friedlich schlief er, die zwei Farben des Universums noch immer unter den Fingernägeln. Als er in den Schlaf hinüberglitt, dachte er noch: *Ich trage das Universum an mir. Ich habe die Welt an meinen Fingerspitzen kleben*. Und er kicherte leise in sich hinein.

Dann schlief er. Als seine Mutter ihn am Morgen betrachtete, im Tageslicht, da fiel ihr die Farbe unter seinen Fingernägeln nicht auf. Sie bemerkte nur, dass er glücklicher aussah als sonst. Und sie bewahrte, was sie gesehen hatte, in ihrem Herzen.

Am nächsten Morgen entdeckten ein paar Autofahrer – bei weitem nicht alle, sondern nur diejenigen, welche die Welt um sich herum wahrnehmen – auf ihrem übernächtigten Weg zur Arbeit die Türen. Und sie wunderten sich über das Zeichen und dachten an all die Türen, durch die sie schon gegangen waren. Und auch an die Türen, die sie noch zu öffnen hätten. Es machte sie nur noch müder.

Schließlich kannst du solchen Dingen nicht jedes Mal Beachtung schenken, wenn du daran vorbeifährst. Du vergisst, dass sie dort sind. Die Türen bleiben, aber dein Denken wendet sich von ihnen ab. Es schiebt die Krumen des täglichen Brots auf dem Erdboden hin und her, anstatt leere Traumschlösser in den Himmel zu bauen.

Die Mutter des Jungen fuhr über die Schnellstraße zur Arbeit im Krankenhaus. Jeden Tag fuhr sie die Strecke und manchmal auch des Nachts. Sie war eine umsichtige Fahrerin, gehörte es doch zu ihren Pflichten, Leben zu erhalten. Was sie aber nicht davon abhielt, während des Fahrens über andere Dinge nachzudenken.

Sie nahm sich vor, dem Jungen einen Apfelkuchen zu backen: Seit Wochen schon bat er sie darum, und sie wusste, dass er sich darüber freuen würde. Bisher aber war immer etwas dazwischengekommen, das sie noch unbedingt erledigen musste, und wenn sie dann endlich Zeit hatte, ihm seinen Kuchen zu backen, hatte sie kein Lust mehr, die Butter in das Mehl zu kneten, die Äpfel in Scheiben zu schneiden und die Rosinen einzuweichen, den Zimt hervorzukramen und die Glasur aufzutragen.

Und wie jeder weiß, überträgt sich deine Stimmung in die Speisen, die du zubereitest. Du solltest niemals kochen, wenn du tieftraurig bist: Deine Lasagne, die Kuchen und Kekse werden großen Kummer in die Herzen derer tragen, die sie verzehren. An einem schrecklichen Dezembertag, als ihre Mutter gestorben war, hatte die Mutter des Jungen mit der Traurigkeit ihres Weihnachtskuchens zehn Menschen zum Weinen gebracht.

Die Mutter des Jungen fuhr und dachte nach. Dachte nach und fuhr. Sie brauchte kein Buch, das ihr sagte, welche Äpfel sie nehmen sollte. Es waren immer die, die gar nicht danach aussahen, Äpfel, die den Anschein erweckten, als würden sie überhaupt nicht schmecken, Äpfel, die zu sauer oder zu klein waren (aber am besten schmeckten: Oftmals stellte sich heraus, dass ihr Inneres süßer und von intensiverem Geschmack war, als man nach ihrem Äußeren vermuten konnte. Gegen Ende des Sommers fand man solche Äpfel bisweilen, sie lagen am Boden, vergessen im hohen Gras, aber fest zwischen den Zähnen, wenn man hineinbiss, um das Fruchtfleisch zu kosten).

Das Rezept war ein Mantra, das sie von ihrer verstorbenen Mutter (o Mutter, o liebste Mutter mein) erhalten hatte, als diese noch lebte und sie an einem Berghang in Deutschland wohnten und als es Kapstadt für ihre Familie noch gar nicht gab, Kapstadt erst noch in die Luft gebaut werden musste, Schnellstraßen und Betonwände noch Zukunftsmusik waren und darauf warteten, dass sie irgendwann einmal entstehen würden.

Ihre Tage waren vom wilden Geruch der Ziegen (die nichts mit den Gespensterbestien aus dem Wald zu tun hatten), ihre Nächte waren vom heißen Geruch der Laternen (die so viel Licht verbreiteten, dass man etwas sehen konnte, aber nicht hell genug leuchteten, um die Sterne vor den Fenstern auszulöschen). Sterne und Laternen warfen ihre Strahlen auf die Apfelkuchen, die ihre Mutter bisweilen buk, und ihr Schein fiel auf die *Lederhosen*, die sie, sie selbst, trug, steif von ihrem Schweiß und vom Geruch des Mädchentiers, das sie damals gewesen war, mit spitzen, wackligen Knien und Brüsten, deren Knospen gerade aufblühten. Immer wieder betrachtete sie die Fotos, auf denen sie als Kind zu sehen war, und konnte gar nicht glauben, dass sie ihr altes Leben zeigten, dass sie auf ihr altes Leben blickte. Es verwirrte sie.

Jahre später sah sich ihr Sohn im Fernsehen *Heidi* an. Sie kam ins Zimmer, setzte sich zu ihm auf den Teppich und sagte verwundert, als wollte sie es sich selbst bestätigen: „Genauso sah unser Haus aus." Sie meinte den Zimtduft zu riechen, aber vielleicht war es auch nur das Kind, von dem der würzige Geruch der Jungenhaftigkeit ausging. Ihr Sohn starrte sie kurz an, wandte sich aber sofort wieder dem Bildschirm zu, seine Augen wurden wie von Magneten zum Fernseher hingezogen.

Später überraschte sie ihn dabei, wie er in ihrem Arbeitszimmer stand, völlig deutsch aussah und doch keinerlei Vorstellung davon hatte, wie es sich anfühlte, in jenem Land zu leben. Sein Blick blieb an der tassenförmigen Glocke haften, die sie an die Wand gehängt hatte, bis er einmal alt genug wäre zu verstehen. „Die Ziegen hatten so etwas", sagte der Junge und wies mit dem Finger darauf. „Ja", antwortete sie, „damit findest du den Heimweg, du weißt, dass du dich nie verläufst." Was sie nicht aussprach, war: „Es ist einfach und gleichzeitig ganz schrecklich, wenn man ein Halfter um den Hals bekommt, damit man bei Sonnenuntergang irgendwohin geführt, über Nacht eingesperrt wird und nicht frei umherstreifen kann, wo und wie man möchte."

Denn im Wald lebten ja wilde Tiere, oder? Gespensterbestien und andere, die da oben im Norden seit langer Zeit kein Licht mehr gesehen hatten, sodass ihre Haut ganz blass geworden war. Die Farbe war von ihnen gewichen und auch die Freundlichkeit, die mit der Sonne kommt.

Die Mutter dachte noch immer an den Apfelkuchen, den sie dem Jungen backen wollte, als der Bus in die Tür auf der Fahrerseite krachte. Instinktiv trat sie auf das Gaspedal, um ihm noch auszuweichen. Der Busfahrer hatte sie überhaupt nicht bemerkt. Als ob sie schrumpfte wie einst Alice im Wunderland, als hätte sich plötzlich eine unsichtbare Tür aufgetan in eine andere Welt.

Ihr Wagen drehte sich um sich selbst und wurde von der Vorderfront des Busses mitgeschleift. Später sollte die Spurensicherung die Bremsspuren messen, die ihre brennenden Reifen hinterlassen hatten: 286 Meter. Das war fast das Dreifache der Rennstrecke, die sie als Mädchen in *Lederhosen* da oben in den Bergen immer gelaufen war.

In jenem Augenblick aber war ihr lediglich bewusst, dass all ihr Gehupe und Geschrei nutzlos blieb. Sie nahm die Hände vom Lenkrad (und, du lieber Gott, welche Überwindung es sie kostete, dies zu tun, von der Gewohnheit eines ganzen Lebens zu lassen! Die Hände wollten ihr kaum gehorchen, nein, meine Dame, sie wollten genau dort bleiben, wo sie waren, hübsch ordentlich auf dem Lenkrad, haben Sie vielen Dank), hämmerte wild an die Windschutzscheibe und wusste doch zugleich mit dumpfer Gewissheit, dass er so viel höher saß als sie und sie nur gerettet werden konnte, wenn er hinuntersah. *Ich werde zerquetscht,* dachte sie. *Der sieht mich überhaupt nicht*.

Ein paar Fahrgäste waren auf die Geräusche aufmerksam geworden, das Kreischen der Reifen, gedämpft noch, dann der Geruch nach Verbranntem. Der Busfahrer wechselte seelenruhig die Spur, schaute die ganze Zeit nur geradeaus. Näher und näher lenkte er den Bus an den Beton heran, und die Mutter des Jungen wusste, dass sie für alle Ewigkeit in die Mauer gedrückt würde, wenn er jetzt noch weiter herüberführe, amen. Durch ihre Gedanken wand sich ein Band flehender Bitten: Ein Tonband war sie, das sich aus seiner Kassette herauswand und auf dem Boden zu einem Haufen verknüllte, glitzernd und nutzlos im Licht der Sonne. *Lass mich nicht so sterben. Ich bin noch nicht so weit. Bitte, Gott. Ich backe meinem Jungen auch alle Apfelkuchen, die er sich wünscht! Nur diesen einen Wunsch gewähre mir. Bitte. Ich bin noch nicht bereit.*

Langsam zersplitterte das Glas der Scheibe über ihrem rechten Arm. Es klang wie Glocken und zerfiel wie Sternschnuppen. Und es tat überhaupt nicht weh – nicht wie damals, als der Junge ein Glas auf dem Küchenfußboden zerschlagen hatte, nein, so nicht –, es schraubte sich mit grässlichem Knirschen nach draußen. Genau das Geräusch, das eine Gespensterbestie von sich geben würde, wenn sie sich über dein einsames Schienbein hermachte, während du im Bett lagst. Weil die Ungeheuer nämlich immer unten anfangen und sich dann ihren Weg nach oben bahnen.

Dann dachte die Mutter des Jungen nicht mehr ans Backen. Sie wandte den Kopf vom Bus weg – es hatte alles keinen Zweck. Sie drehte den Kopf weg und schaute stattdessen auf den Beton an ihrer Seite. Und sie sah die vier Türen, die jemand dorthin gemalt hatte.

Die ersten drei Türen waren lediglich weiße Umrisse, skelettartig und nutzlos. Die vierte aber stand offen. Spaltbreit zwar nur, aber offen. Und sie konnte hineinsehen.

Und was sie erblickte, war nicht etwa die Gespensterbestie aus dem Schlafzimmer ihrer Kindheit, die dort lauerte, um sie zu ersticken und zu zermalmen, sondern ein völlig anderes Untier. Das Klingen war verebbt, und sie konnte

Zimt riechen, Dinge, die heiß und dampfend aus dem Rohr geholt wurden, einer Prüfung durch das Feuer. Das Traumbild von Äpfeln blendete sie so stark, dass es Zeit brauchte, bis sie das Geräusch wieder erkannte, das anhaltende, wahllose Gebimmel, das dich zur Nacht sicher nach Hause geleitete: Es war so lange her, mein Gott, so unendlich lange, dass sie die Glocken gehört hatte. Seit jenen Tagen in ihrem Arbeitszimmer nicht mehr, als ihr Kind noch ein kleiner Junge gewesen war, der über die Glocke auf ihrer Wand tastete und von Ziegen redete. Und sie dachte: *Die ganze Zeit habe ich mich in Sicherheit gewiegt. Und dabei bin ich nie in Sicherheit gewesen. Ich nicht und auch niemand anders.*

Sie versuchte, durch den Türspalt zu lugen, der auf den Beton gemalt war: Sie wusste, dass sich dort der alte Tisch und die Küche ihrer Kindheit befanden und eine *Lederhose*, steif in der Form ihrer Kindertage, doch irgendwie würde sie ihr immer noch passen. Ihre Mutter würde sie zu sich winken, sie sollte sich den glasierten Apfelkuchen anschauen, der noch dampfte, und wenn ihr Vater und ihre Brüder nach Hause kämen, würden sie Kaffee einschenken und den Kuchen anschneiden und essen, bis jeder sattsattsatt war. Und nicht ein einziges Krümelchen würde übrig bleiben.

Ihr schoss der Gedanke durch den Kopf, dass einzig ihr Junge nichts abbekommen würde: Er würde den Apfelkuchen, den sie ihm versprochen hatte, nicht bekommen. Und sie schüttelte sich, ihr war klar, dass sie aufhören musste, hinter der Tür nach ihrer Familie zu suchen. Ihre Mutter war gestorben, ihr Vater schon vor ihr. Und den einzigen Apfelkuchen, den sie essen würde, müsste sie selbst backen.

Die Mutter des Jungen schaute noch einmal hoch zum Busfahrer und sah, o gütiger Jesus, eine Anzahl weiblicher Fahrgäste um ihn herum. Sie rüttelten ihn an den Schultern und schrien ihn an, als wäre er eingeschlafen. Als hätte ihn die Gespensterbestie in seinem Bett eingefroren und er zu große Angst gehabt, sich zu bewegen.

Der Bus wurde langsamer, und das schleifende Geräusch neben ihr verebbte: Wie eine Zahnpastatube war ihr Auto zwischen dem Bus und dem Beton ausgequetscht worden. Es hatte Lackspuren auf der Wand hinterlassen. Da, wo die Autotüren an den Türen auf der Wand entlanggeschabt waren. Von irgendwoher hörte sie ein schnappendes Geräusch, und sie wusste, dass sich die einzige Tür, an der ihr etwas lag, unwiderruflich geschlossen hatte.

Polizei und Rettungsmannschaften mussten sie aus dem Fahrzeug schneiden. Der Busfahrer behauptete stock und steif, dass er sie nicht gesehen habe, dass sie für ihn unsichtbar gewesen sei, wohingegen die Frauen – die ihrerseits aus dem Bus herausgeschnitten werden mussten – über sie herfielen wie die Ameisen und sie mit ihren Fühlern berührten, eine jede, um sicher zu gehen, dass sie noch am Leben war. „Nicht eine Schramme!“, riefen sie in höchster Verwunderung, schüttelten die Köpfe und klopften ihr auf die Schulter. „Sagenhaft! Nicht eine einzige Schramme!“

Die Mutter des Jungen blickte zu ihnen auf und bemerkte, dass jede Frau einen silbernen Stern auf grünem Filz trug, der an ihre ausladenden Busen geheftet war. Die Sterne leuchteten im hellen Licht des Tages. Sie strahlten, als gehörten sie zu Sternbildern.

Eine trat zurück, warf ihre Massen von einem Fuß auf den anderen, rückte die Baskenmütze zurecht und stimmte ein Lied an. Die anderen richteten sich auf und stimmten ein: Sie sang die Verse vor, und die anderen antworteten; es war ein Gebet des Dankes und der Lobpreisung, das Blöken der Ziegen, das Lied der Schutzengel.

Als die beiden Polizisten an dem Ort des Geschehens vorbei – der Unfall hatte den Verkehr zum Erliegen gebracht, den morgendlichen Pendelverkehr von der Schnellstraße in die Stadt verlagert – zu ihrem Wagen zurückgingen, wandte sich der eine zu seiner Kollegin und fragte leise: „Warum riecht es hier nach Zimt?"

Die Autorinnen und Autoren

Diane Awerbuck, Studium in Kapstadt, lebt in Kapstadt und schreibt für die *Sunday Times*. Ihr Romandebüt *Gardening at night* (2003) wurde mit dem Commonwealth Writers Prize for Best First Book, Africa Region, ausgezeichnet. Schreibt gegenwärtig an der Fortsetzung, dem Roman *The House of Bread*.

Ken Barris, 1952 in Port Elizabeth geboren. Schreibt Prosa, Lyrik und Romane wie etwa *The Jailer's Book* (1996) und erhielt dafür den M-Net Book Prize. Lebt in Kapstadt und unterrichtet dort Kommunikation.

André Brink. Der 1935 geborene Journalist, Literaturprofessor und Romancier André P. Brink zählt zu den international bekanntesten Anti-Apartheid-Autoren und musste für seine Haltung vielfältige Repressalien in Kauf nehmen. Sein umfangreiches literarisches Werk liegt in zahlreichen deutschen Übersetzungen vor, darunter die Romane *Nicolette und der Botschafter, Die Pestmauer, Stimmen im Wind, Weiße Zeit der Dürre, Stein des Anstoßes, Blick ins Dunkel, Die Nilpferdpeitsche, Im Gegenteil, Zeit des Terrors, Sandburgen*. Der deutschen Kolonialherrschaft in Namibia widmete er den Roman *The Other Side of Silence* (2002). André Brink, der seit Jahren als Kandidat für den Nobelpreis gilt, ist einer der aktivsten Förderer junger Autoren in Südafrika.

Patrick Cairns, geboren 1978, Studium in Grahamstown. Kinderbuchautor, schreibt gerade an einem Roman. Lebt in Grahamstown.

K. Sello Duiker, 1974 in Soweto geboren, aufgewachsen in East London. Studium in Grahamstown und Kapstadt. Sein erster Roman *Thirteen Cents* (2000) erhielt den Commonwealth Writers Prize for Best First Book, Africa Region. 2001 erschien sein zweiter Roman *The Quiet Violence of Dreams*. Gestorben 2004.

Finuala Dowling, geboren 1962, Studium in Kapstadt und Pretoria, wo sie selbst lehrte. Lebt in Kapstadt und publiziert in Zeitschriften, Anthologien und im Hörfunk. Veröffentlichte Gedichte und das Buch *What Poets Need* (2005).

Farida Karodia, 1942 geboren, aufgewachsen in der Region Ostkap. Unterrichtete in Südafrika und Sambia und lebte 26 Jahre in Kanada, wo sie mit Hörspielen für das Radio zu schreiben begann. Veröffentlichte Romane wie *Daughters of the Twilight* (1986) oder *Boundaries* (2003) und publizierte Erzählbände wie *Coming home* (1988) und *Other Secrets* (2000). Lebt in Johannesburg.

Niq Mhlongo, eigentlich Nicholas Mhlongo, 1973 in Soweto geboren, Studium in Johannesburg, lebt in Kapstadt und arbeitet dort im Verlagswesen. Sein erster Roman *Dog Eat Dog* gilt als Inbegriff der so genannten Kwaito-Literatur und als bestes Debüt des Jahres 2004.

Tshepo Mogale, 1977 geboren, aufgewachsen in Bloemfontein und Kapstadt. Lebt als Bankangestellter in Johannesburg, wurde als Rapper bekannt und ist mit Comedy-Programmen in Clubs und auf Festivals vertreten.

Phaswane Mpe, geboren 1970 bei Polokwane, Studium in Johannesburg und Oxford. Sein Romandebüt *Welcome to our Hillbrow* (2001) wurde weithin beachtet. War als Dozent in Johannesburg tätig, publizierte auch Gedichte und Kurzgeschichten in Literaturzeitschriften. Gestorben 2004.

Mary Watson, geboren 1976 in Grassy Park bei Kapstadt. Studium in Kapstadt und Bristol. Unterrichtet Film und Medienwissenschaft in Kapstadt. Debütierte 2004 mit ihrem Roman *Moss*.

Chris van Wyk, 1957 in Soweto geboren, wurde mit seinem Buch *The Year of the Tapeworm* (1996) bekannt. Van Wyk hat das Literaturmagazin *Staffrider* sowie u. a. die Anthologie *Post-Traumatic: New South African Short Stories* (2003) herausgegeben. Er erhielt den Olive-Schreiner- sowie den Sanlam-Award.

Manfred Loimeier, 1960 in Passau geboren, Studium in Tübingen, Wien, Basel, Berlin und Bayreuth. Arbeitet als Redakteur und Publizist, spezialisierte sich auf afrikanische Literaturen in europäischen Sprachen. Zu diesem Thema veröffentlichte er Bücher wie *Afrikanische Literatur* (1997) oder die Interviewsammlung *Wortwechsel* (2002).

Thomas Brückner, geboren 1957, ist Übersetzer, Herausgeber, Kulturvermittler, Vorleser/Rezitator, lebt in Leipzig, Studium der Afrikanistik, Literatur- & Kulturwissenschaften. Für den Peter Hammer Verlag übersetzte er u.a. *Don Mattera*, Syl Cheney-Coker und gab die Anthologie *Habari gani Afrika* heraus (mit Gudrun Honke).

Quellen- und Bildnachweise

Diane Awerbuck, *The boy who opened doors* erscheint hier zum ersten Mal. © Struik Publishers, Cape Town 2005 / Übersetzung mit freundlicher Genehmigung des Verlags und der Autorin
Bild: Diane Awerbuck

Ken Barris, *Cat got your tongue* ist der Anthologie Post-Traumatic (Johannesburg: Botsotso Publishing 2003) entnommen.© Ken Barris, 2000 / Übersetzung mit freundlicher Genehmigung des Autors
Bild: Ken Barris

André Brink, *Writing in the New South Africa* erscheint hier zum ersten Mal. © André Brink, 2005 / © der deutschen Übersetzung: Peter Hammer Verlag
Bild: André Brink

Patrick Cairns, *Tjippie* ist der Anthologie *Urban 2* (Claremont: Spearhead 2002) entnommen. © Patrick Cairns, 2000 / Copyright der deutschen Übersetzung: Peter Hammer Verlag
Bild: Patrick Cairns

K. Sello Duiker, *Giant* wurde erstmals in der Anthologie *In the rapids*, Cape Town: Kwela Books 2001, veröffentlicht. Die deutsche Übersetzung erfolgt mit freundlicher Genehmigung von K. Sello Duikers Eltern, Judah und Meikie Duiker, und des Verlags © Kwela, 2001 / © der deutschen Übersetzung: Peter Hammer Verlag
Bild: Manfred Loimeier

Finuala Dowling, *The way she waited* erscheint hier zum ersten Mal. © Finuala Dowling, 2000 / © der deutschen Übersetzung: Peter Hammer Verlag
Bild: Finuala Dowling

Farida Karodia, *A chance encounter* ist der Anthologie *Post-Traumatic* (Johannesburg: Botsotso Publishing 2003) entnommen. © Farida Karodia, 2000 / © der deutschen Übersetzung: Peter Hammer Verlag
Bild: Farida Karodia

Niq Mhlongo, *The Dark End of Our Street* erscheint hier zum ersten Mal.
© Niq Mhlongo, 2005 / © der deutschen Übersetzung:
Peter Hammer Verlag
Bild: Kwela Books / Mit freundlicher Genehmigung des Verlags

Tshepo Mogale, *A Hi-Fi in Soweto* ist der Anthologie *Urban 2* (Claremont: Spearhead 2002) entnommen. © Tshepo Mogale, 2002 / © der deutschen Übersetzung: Peter Hammer Verlag
Bild: Tshepo Mogale

Phaswane Mpe, *Loreto's Ordeal* ist der Anthologie *Unity in flight* (Johannesburg: Botsotso Publishing 2001) entnommen. © Phaswane Mpe, 2001 - Wegen des Todes von Phaswane Mpe konnten die Rechte für eine deutsche Übersetzung nicht definitiv geklärt werden;
eventuelle Rechteinhaber werden gebeten, sich mit dem Peter Hammer Verlag in Verbindung zu setzen.
Bild: Manfred Loimeier

Mary Watson, *The Lilytree* erscheint hier zum ersten Mal.
© Mary Watson, 2005 / © der deutschen Übersetzung:
Peter Hammer Verlag
Bild: Mary Watson

Chris van Wyk, *Magic* ist der Anthologie *Post-Traumatic* (Johannesburg, Botsotso Publishing, 2003) entnommen. © Chris van Wyk, 2000 /
© der deutschen Übersetzung: Peter Hammer Verlag
Bild: Chris van Wyk